CROIRE SANS VOIR

VINCENT MICHEL

CROIRE SANS VOIR

LES ÉDITIONS DU CERF

www.editionsducerf.fr
24, rue des Tanneries
75013 Paris

ISBN 978-2-204-13705-8

Parce que tu m'as vu, tu as cru ;
heureux ceux qui croient sans voir.
Jean 20, 29

Préface

COLIN-MAILLARD

Quand j'entre dans la cuisine le matin, et que je le vois déjeuner en écoutant la radio, alors je me rappelle que mon réveil ne sera pas silencieux et discret. Je vais devoir lancer ma voix pour qu'elle dise les traits de mon visage ce matin. Le contenu de mes phrases n'aura pas énormément d'importance. Il faudra seulement que ma voix me trahisse pour qu'il puisse me regarder.

Mon père est aveugle depuis toujours et je ne l'ai pleinement compris que tard. Pendant longtemps je ne me suis pas rendu compte de la particularité de cette situation et je n'ai pas compris que dans la cour de récré, seules ma petite sœur et moi partagions cela. Je ne comprenais pas pourquoi je n'avais pas les mêmes jeux et les mêmes questionnements que les autres enfants. Dans notre jardin, à la maison, nous inventions tous les trois nos jeux de moucharabieh. Et le soir, les pages braille des histoires se tournaient dans l'épaisseur du papier.

J'oublie plusieurs fois par jour qu'il ne voit pas et plusieurs fois par jour, devant des détails, je me souviens.

Si j'oublie, c'est parce qu'il est heureux et qu'il a bâti un univers à sa dimension dans la maison. C'est une maison baignée de musique, d'émissions de radio, de discussions. Et son jardin est semé de parfums. Ici le caramel dans la casserole ne se regarde pas. Il se sent. Il s'écoute.

La réalité est pourtant bien là : son intelligence n'est pas allée jusqu'au bout de ses yeux. Je sens qu'il se met à ma hauteur et m'apprend la vie, me met en route. Pourtant il a, à certains moments, besoin de moi et d'autres pour pouvoir vivre, saisir l'espace et les possibles. Sans voir, il ne peut pas seul prendre un chemin inconnu, assortir ses vêtements, faire des courses, conduire. Alors sa main se pose sur mon épaule pour que je le guide à travers le monde. Mais comment le guider, lui qui me guide ?

Ses yeux qui ne voient pas sont une ouverture. C'est par là que je vais lui parler et dans cette particularité que je me sens chez moi. J'ai grandi dans des bruits de canne blanche sur le bitume, dans des bouts de doigts qui savent lire et qui écrivent en rythme de droite à gauche des petits points en relief pleins de secrets, dans des oignons qui glissent de la table et se perdent en roulant dans la cuisine, dans un temps plus lent pour éplucher les légumes et se raser, dans des balances parlantes.

J'ai grandi en imitant un peu de son rapport au monde, touchant avec appétit et écoutant toujours plus loin. J'ai pris tout cela et oublié le reste, oublié de lui demander de m'apprendre à nager, à faire du vélo, à trouver ma place au théâtre ou notre train dans la gare.

Avec malice, il me demande souvent que je lui prête mes yeux. Mais c'est bien plus que mes yeux que j'ai été amenée à lui prêter. À tout âge, de mon regard, j'ai suivi l'évolution de son corps dans l'espace et j'ai veillé à ce qu'il puisse faire ce qu'il souhaitait sans se heurter, sans se mettre en danger. Plus que mes yeux, c'est toute ma personne qui est tranquillement aux aguets pour que son rapport à l'espace soit harmonieux. Je pense aussi à lui quand il n'est pas là. Je ferme les portes des placards. Je pousse les verres loin du bord de la table. Je range les choses à leur place pour qu'il puisse les retrouver.

Jamais il ne m'a vue le regarder ni compris dans mon regard que j'aimais voir ses gestes. Ce sont des gestes qui questionnent l'espace, qui cherchent, qui sont curieux, qui se font surprendre. C'est un spectacle à chaque fois. Quand est-ce que l'eau va mouiller le bout du doigt qu'il a mis dans son verre pour lui chanter que, ça y est, son verre est assez plein ?

Ses gestes empruntent un autre chemin. Ils sont moins directs que les nôtres et peuvent paraître gauches. J'avoue que parfois, devant d'autres, j'ai eu envie qu'il se serve moins de ses mains, qu'il ne les sorte pas, qu'il ne soit pas aussi libre et affranchi des habitudes des voyants. Je n'avais pas envie que devant eux, il cherche, balbutie et se trompe.

À force de le voir se cogner, se tromper, perdre des choses, être à l'affût, j'oublie qu'il peut avoir envie d'autre chose, qu'il peut avoir envie de vivre l'espace autrement. Il m'a surprise un jour sur une plage déserte à s'élancer soudainement en courant. J'ai eu peur par réflexe. Je n'ai pas su quoi faire de cet affranchissement de guide et j'ai crié, sans le vouloir, « Attention ! »

Vers où courait-il ce jour-là ? C'est à partir de ce moment que j'ai compris que mon aide est nécessaire, mais qu'elle n'est pas tout, qu'il garde une indépendance, une aspiration et que ce n'est plus à moi de lui donner ; que le plus beau reste à faire, se joue ailleurs.

Comment expliquer la difficulté de trouver une place juste pour cette aide discrète quotidienne, pour ce lien physique, pour la sensation gravée en moi de sa vulnérabilité ? Je m'inquiète souvent de la façon dont les autres vont l'aider dans ce qu'il a à faire. Je voudrais refaire toutes les villes, pour qu'il puisse y marcher à son aise. Pourtant lui n'est pas effrayé et parcourt le monde avec plaisir et envie.

Quand les gens le rencontrent, ils sont souvent surpris et lui demandent comment il perçoit le monde et s'y rapporte. Alors il raconte. Alors que sa cécité implique une certaine proximité, je me rends compte que je ne le connais pas tout à fait. Je ne sais pas vraiment comment il se sent aveugle. Dans le tumulte de la vie, j'ai oublié de lui poser des questions. Sa main sur mon épaule et la confiance qu'il y dépose ne me disent pas tout de lui. Je connais le poids de son corps, mais pas celui de ses pensées.

Lui aussi a des questions, mais il n'ose pas toujours les poser. Dans la maison parfois celles qui lui viennent nous surprennent. Il nous demande par exemple, si nous voyons les mouches parce que c'est quand même très petit une mouche et que ça vole si vite.

À certaines de ses questions je n'ai pas de réponse. Il y a des choses du monde que je crois connaître parce que je les ai vues. Mais je les ai seulement vues à travers des images. Lui ne connaît du monde que ce qu'il a pu toucher, sentir, écouter, et ce qu'on a pu lui en rapporter. Je me demande comment se déploie son imagination quand il pense à ce qui est trop loin de ses doigts.

Ce qui complique la situation, c'est le froid des matins comme celui où un des chauffeurs, de l'association qui transporte des personnes handicapées, lui a dit qu'il a reçu l'ordre de ne plus transporter ses enfants. Alors, devant le portillon de la maison, mon cartable sur le dos, mon cœur gronde de l'humiliation faite à mon père de ne plus pouvoir nous amener à l'école. Et il y en a eu tellement des moments où le monde a oublié de lui permettre de déployer sa lumière.

Mais il me rappelle souvent qu'il fait partie d'une minorité et que c'est à lui de s'adapter. Et moi, je suis tellement touchée quand il va souriant vers le monde des voyants, quand je vois son attention et son plaisir à être bien habillé, quand j'apprends que quand il était étudiant il a demandé à ses amis de mettre des posters sur les murs de son appartement, quand il allume les lumières dans la maison.

MADELEINE MICHEL

Enfance

COUCOU

Le jour est déjà levé. Il me parvient par la fenêtre qui ouvre sur la grande lumière.

Je devine les contours de la chambre. Sur la gauche, le lit de mes parents. En face, la grande armoire aux deux miroirs où j'essaie parfois, comme les grands, de repérer les contours de mon visage. Les murs me semblent sombres et je ne perçois pas les reliefs du plafond. Tout est calme.

La rumeur de la maison qui vit déjà monte jusqu'à mes oreilles. J'entends distinctement le tintamarre des casseroles que mamet Marie manipule, tout en bas dans la cuisine. Des voix se font entendre aussi ; celles bien connues de mon frère Pierrot et de ma sœur Didile. D'autres moins précises, peut-être quelque visiteur inattendu ou encore le facteur.

Il est temps de signaler à la maisonnée tout entière que le temps des songes est fini pour moi. Je lance un formidable *coucou !* La réponse à cet éclat de voix bien affirmé ne se fait pas attendre. J'entends maintenant des pas dans l'escalier et les bruits d'une petite cuillère qui s'agite dans un verre. La porte de la chambre de mes frères s'ouvre, des pas légers la traversent pour venir jusqu'à moi. C'est ma mère qui, comme chaque matin, s'approche. Elle tient dans ses mains le précieux verre d'eau de fleur d'oranger que je vais déguster.

Je ne vois pas ma mère entrer. Le bruit ténu de ses chaussures sur le carrelage me révèle sa présence. Elle s'approche doucement de mon lit, m'embrasse avec tendresse et, après m'avoir fait tracer le signe de la Croix, me tend le breuvage sucré et parfumé qui ouvre ma journée. Je peux maintenant sauter du lit et me jeter dans ses bras ; mais je ne la vois toujours pas.

Je ne vois pas ma mère, je ne l'ai jamais vue, tout juste devinée au travers du peu de lumière que mes yeux me proposent. Je ne la vois pas, mais je la respire. Je sens sa peau juste devant mon visage. Mes petites mains parcourent sa tête et découvrent ses cheveux tressés, coiffés en chignon. Je caresse le visage, palpe les seins. Je ne vois pas ma mère, je l'ai goûtée, je la touche, je l'entends, je la respire.

Elle me dit que je suis aveugle, comme Pierrot et Jacquot. Je ne comprends pas très bien ce mot, mais je sais qu'à cause de lui, je me cogne souvent aux chaises et aux portes et que pour cela mes petites dents sont déjà bien abîmées.

Pour l'heure, elle me conduit à la chambre de ma sœur où se trouve le seul lavabo de la maison. Une rapide toilette et elle m'aide à m'habiller.

Maintenant, je peux descendre à toutes jambes les dix-sept marches du grand escalier de pierre qui mène au rez-de-chaussée. Un demi-tour sur la droite, quelques pas rapides puis un virage sur la gauche et me voilà dans la cuisine.

Mamet Marie est là devant le fourneau à bois qui ronfle. Elle tient dans sa main la grande *sartan*[1] où le lapin, dont l'odeur s'exhale dans toute la maison, est en train de roussir. Elle la lâche un instant pour m'embrasser. Sur la table, un bol de *phoscao* fumant m'attend. Ma journée peut vraiment commencer.

1. *Sartan* : mot qui signifie la poêle en provençal.

LE VENT

Ici le vent est maître, il façonne par sa force les hommes et les choses. Il dégringole par bourrasques énormes et successives à travers le sillon où s'écoule le Fleuve. Il plie toute végétation sur son passage, hurle dans les chemins, les pinèdes et les bastides, surgit avec fureur au détour d'une draille ; et courbe les hommes. Il chasse avec vigueur tout ce qui contrarie le rayonnement du soleil et ouvre à l'horizon un azur incomparable. Il est l'âme, le souffle et la lumière de cette terre, sa terre.

Les longues nuits d'hiver, le mistral se déchaîne au-dehors, frappe les murs de la maison de ses coups redoutables, souffle, tel un taureau au combat, dans le platane et les marronniers qui bordent le jeu de boules.

Je suis là, petit enfant, pelotonné dans la tiédeur de mon lit, dans la chambre ouverte au sud, un peu adoucie par le conduit de la cheminée qui la traverse. J'écoute en silence les bruits de la maison, le ronflement de mon père, les craquements de la porte du grenier tout là-haut.

J'entends encore ses bruits au cours des journées d'hiver, ses hurlements au travers des jointures des portes, pareils aux cris d'un loup affamé en pleine nuit de neige. Ce son lugubre aurait effrayé le plus courageux des enfants. Auprès de ma mamet Marie et de ses casseroles, tout proche du fourneau à bois qui ronronne doucement dans cette cuisine chaude, je me sens protégé, hors de portée de ce fauve invisible et pourtant si présent. Elle disait que c'était la *cisampa*.

Je ressens encore ce vent courir sur mes petites jambes enfin dénudées avec l'arrivée des beaux jours. Je m'élance sur le chemin du chêne pour m'en aller rejoindre Jeannot et Riri qui travaillent la vigne là-haut, sur le plateau de Pianzole.

J'aime courir sans voir sur ce chemin tout droit dont mes pieds gardent la mémoire du moindre repli, des plus imperceptibles aspérités. Ma course est bien lancée lorsque le vent, toujours lui, m'avertit par la musique qu'il compose dans le feuillage du gros chêne qu'il est temps d'obliquer sur la gauche. J'emprunte maintenant la rude pente pierreuse. Je ralentis ma course de peur de trébucher ; mais il est toujours là, il m'accompagne tout au long de mon ascension et m'indique par ses changements de tonalité l'endroit précis où je me situe. Il me conduit avec sûreté vers ma terre promise où je retrouverai Sultan. Là, Jeannot me soulèvera dans ses bras puissants et me hissera sur le dos de la robuste bête. Alors, le visage fouetté par le mistral déjà tiède, je descendrai fier comme un prince vers l'écurie située tout en bas, au pied de ma maison.

PAPET JUSTIN

Deux petits coups de canne résonnent sur la *portette*. C'est mon papet Justin qui, comme chaque matin, s'en revient du jardin. Il est chargé de salades, d'aubergines, de céleris et de tomates qui auront tôt fait d'embaumer la maison.

Papet Justin, c'est un homme de la terre. Tantôt à la vigne, tantôt au jardin, toute sa vie se passe avec elle.

Il pose le panier sur la table de la cuisine, m'embrasse et me dit :

« Allez petit, viens avec moi. »

Je prends sa main douce et solide et nous voilà partis.

Quelques pas sur le chemin qui va entre deux maisons, un virage sur la droite, nous voilà dans le poulailler.

« Allez, tu vas donner le grain aux poules. »

Je plonge mes mains dans une première comporte, un petit grain rond, mais un peu allongé glisse entre mes doigts.

« C'est du blé », me dit papet. Maintenant, la graine est plus allongée, pointue en ses deux bouts, plus souple.

« Ça, c'est de l'avoine. » Cette fois, le grain est ovale, plus gros, un peu creusé en son milieu. « Ça, petit, c'est du maïs. »

Et je distribue à grandes poignées dans les mangeoires. Soudain papet se baisse prestement et attrape une volaille qui glousse.

« Tiens, touche, c'est une dinde, remarque son jabot déjà plein. »

Ce premier travail achevé, nous reprenons le chemin, toujours ma main dans la sienne ; nous avançons vers le jardin, son jardin.

Ici, on touche bien entendu, mais aussi on sent, on respire, on écoute.

Mon papet prend sa bêche, il me conduit au pied du bassin et me fait tourner la vanne qui va libérer l'eau fraîche. Alors, il me conduit à travers les rangées de haricots verts, d'aubergines et de courgettes. Aidé de sa bêche, il ouvre le chemin de l'eau, afin qu'elle s'écoule bien dans chaque rangée et arrive sans violence jusqu'à chaque plante.

Je touche maintenant. Ici, c'est le doux de la feuille d'aubergine, mais attention à ses piquants ! Là, c'est le granuleux de la feuille de courgette, là, l'odeur de la feuille de tomate qui reste longtemps sur les doigts. Et nous allons ainsi de plante en plante, touchant, sentant.

Soudain une voix à l'accent particulier se fait entendre, c'est Monsieur Alonso, *el señor Alonso* comme nous l'appelons. J'aime cet homme doux et calme qui m'apprend chaque jour quelques mots nouveaux dans sa langue, l'espagnol.

Plus tard, quand mon papet aura regagné les vignes du Seigneur, nous apprendrons beaucoup de choses de ce vieux républicain espagnol, cultivé et distingué ; on eût dit un hidalgo du siècle d'or. Il nous rapportera un petit carnet, soigneusement renseigné de sa belle écriture de douanier, dans lequel étaient notées les consignes de son maître. De lui, nous apprendrons que notre papet, malade du cœur, tomba souvent dans son jardin. Par chance *el señor Alonso* se trouvait à ses côtés et put le relever. Mais le grand-père lui fit toujours promettre de ne rien dire à personne. Sans doute craignait-il que nous lui interdisions l'accès à son paradis terrestre.

L'heure avance, l'arrosage est terminé. Alors vient le temps du petit plaisir.

« *Zu, baisso te e tasto* », me dit papet en provençal. (« Allez, baisse-toi et goûte ») Je me baisse, cueille doucement la fraise des quatre-saisons et la porte à ma bouche. Quel parfum, quel goût ! Merci papet.

De retour à la maison, papet Justin me lâche la main et me dit :

« Allez, il me faut aller tracer la terre pour planter la vigne. »

C'est le soir, la journée du vigneron est achevée. Je suis là sur ses genoux. Il m'y fait sauter en rythme en fredonnant une comptine en provençal. Je caresse sa barbe soigneusement taillée au rasoir couteau. Il me laisse passer mes petits doigts jusque dans sa bouche. Il n'a plus de dents mon papet. Il ne supporte pas même un dentier. Il me raconte :

« Tu sais, il y a longtemps, j'ai été blessé à la Grande Guerre, j'ai reçu dans ma jambe un morceau de fer, un éclat d'obus. Tout mon sang a été empoisonné. Aujourd'hui, il y a des choses que mon vieux corps ne supporte plus à cause de ça. »

Il n'a pas de dents. J'entends encore le bruit du masticateur qu'il utilise pour broyer tous les aliments.

L'histoire de mon papet, on me la racontera en détail. On me précisera cette grave blessure qui aura pourtant une conséquence heureuse puisqu'il sera précocement libéré. Ainsi, il reprendra le travail, gagnera assez d'argent pour acheter le Mas des Boutes. Il construira la cave, restaurera la maison, plantera les vignes.

Il fait chaud, c'est le plein juillet. Je reviens de mon école à Marseille. Papet est là pour m'accueillir avec Jacquot mon frère, mais il est très fatigué.

Le lendemain, son agonie commence. Il délire, se dresse sur son lit et veut se lever.

« Mais où vas-tu ? », lui dit mon père.

– Mais je dois attacher mes pois gourmands et arroser les haricots », répond le vieux paysan. Il lutte contre le mal, pense encore à sa terre, mais le mal est plus fort. Il nous quitte, le papet. Il nous laisse un trésor, l'amour de la terre, cadeau du Créateur.

À Dieu Papet.

SUR LE BANC

Le crépuscule s'annonce. Le chaud du plein été consent à faire place à un peu de fraîcheur. Le parfum des géraniums, des œillets, jusqu'ici écrasé par la brûlure du soleil, se risque maintenant à venir jusqu'à nous. Les belles-de-nuit, blotties contre le mur de la maison, s'ouvrent lentement et laissent échapper une odeur fine qui allège l'atmosphère.

Je circule, l'arrosoir à la main, entre le banc posé au pied de la fenêtre du bureau, les petites tables en fer rangées à l'ombre du grand acacia et les chaises de jardin qui les entourent. Bientôt, cet espace s'animera à l'heure du souper. Plus loin, quatre corbeilles formées de buis nains accueillent en leur milieu soucis, marguerites, dahlias et bien d'autres espèces. C'est l'ouvrage de ma mère. Plus loin encore, contre le muret qui surplombe le chemin, les hortensias révèlent leurs fleurs opulentes, ragaillardies par l'eau fraîche du soir.

Sur la gauche, le grand portail en fer forgé. Il ouvre sur l'escalier qui conduit au chemin. Tout contre lui, la niche du chien. Je l'entends laper à grands coups de langue le baquet d'eau fraîche que je viens de lui servir. Tel est le jardinet, devant ma maison.

Je pose le petit arrosoir sous le lavabo et viens m'asseoir sur le banc. Tout est calme et odeurs. J'aime ce moment de silence que je partage ce soir seulement avec ma mère. Je caresse de mes doigts les grandes lattes de bois sur lesquelles je suis installé.

Ma mère, l'arrosage terminé, s'approche. De sa voix douce, elle me dit :

« Ce banc, c'est ton papet Léopold qui l'a construit. Tu ne l'as pas connu ce papet-là, mon papa. Il était menuisier ébéniste. De ses belles mains puissantes et habiles, il fabriquait des bancs, des chaises et des tables, des portes et des armoires, tous de beaux meubles, des cercueils aussi.

– Raconte-moi quand tu es entrée dans un cercueil !

– Ah ! C'était l'une de mes camarades à l'école de Saint-Victor. Elle s'appelait Clémence et elle est morte à onze ans de la tuberculose. Mon papa voulait lui faire un très beau cercueil et pour qu'il soit bien à sa mesure, il m'a demandé de m'allonger à l'intérieur pour bien l'ajuster. J'étais un peu effrayée.

– Ah !

– Nous habitions Saint-Victor-la-Coste, la maison où vit toujours ta mamet Louise. C'est là que je suis née, il y a longtemps.

– Oui, le 22 mars 1908, tu es arrivée en même temps que le printemps.

– C'est vrai. Là-bas aussi il y avait un banc devant la porte, sous la glycine qui sentait si bon. Le soir, on s'asseyait là, comme nous aujourd'hui. Seulement, c'était au cœur du village et les voisins venaient à notre rencontre pour jouer aux cartes, parler de choses futiles ou parfois plus graves.

– Chacun avait son banc devant sa maison ?

– Oui, et nous allions ainsi les uns chez les autres. C'étaient de bons moments, les plus jeunes pouvaient jouer à leurs jeux d'enfants sous le regard attentif des parents.

– Comme nous ce soir.

– J'aimais bien ma maison et son village bâti aux pieds du Castelas. Sa belle porte en chêne, tout droit sortie des mains et des rabots de mon père, ouvrait sur un long vestibule. À droite, la cuisine et son potager où nous prenions soin de conserver les braises de la veille, à gauche le salon. Puis un couloir longé sur la gauche par l'escalier qui conduisait aux étages. Au bout, l'atelier de l'artiste.

– Je la connais bien cette grande pièce avec le bel établi en bois où travaillait ton papa et j'aime beaucoup caresser son beau bois bien lisse. J'aime tant jouer avec la pompe à main pour tirer l'eau fraîche du puits !

– Il y a aussi la lourde porte du four à bois que tu aimerais bien ouvrir.

– Oui, mais elle est trop lourde pour moi et puis, j'ai un peu peur, ça doit être tout noir dedans.

– Quand j'avais huit ans, comme toi aujourd'hui, c'était la Grande Guerre, celle de 14-18. Tous les hommes du village qui pouvaient travailler avaient été appelés pour s'en aller à la guerre, très loin, là-haut dans le Nord.

– Ton papa aussi était parti ?

– Oui, il a été blessé comme ton papet Justin.

– Alors, il est revenu plus tôt ?

– Non, il a eu moins de chance. L'armée connaissait son métier et savait que c'était un excellent menuisier. Alors, il a été employé à fabriquer les bancs des véhicules militaires et il découvrira Paris, ses usines et ses plaisirs. Dans ses lettres, il nous racontait la vie de cette grande ville, si différente de la nôtre. Il nous parlait aussi de sa logeuse qu'il semblait bien aimer. Il imaginait s'y installer à la fin de la guerre, mais ta mamet Louise n'a jamais voulu en entendre parler et l'a bien vite ramené au village.

– Tu me racontes l'histoire du boulanger ?

– Celui de notre village était également parti à la guerre. Il n'y avait plus de pain. Ma maman, ta mamet Louise, s'en est allée faire le tour du village, des bois et des fermes pour essayer de trouver un boulanger.

Elle en a rencontré un, très vieux, bien fatigué. Elle est revenue avec lui à la maison, ils ont allumé le four. On a installé un pétrin dans la gloriette, tout juste au-dessus, et on a fait le pain dans l'atelier de mon père. J'en sens encore la bonne odeur. »

Des bruits se font entendre sur le chemin ; les hommes rentrent de la vigne. Des voix appellent dans la cuisine, il faut s'activer pour mettre la table et achever la préparation du repas. Ma mère se lève, je reste seul sur le banc. Ses paroles dans ma tête alimentent des songes. Qui sait, demain soir peut-être, nous reprendrons le fil de son histoire.

ALLER AUX CHAMPIGNONS

Fin d'août, chaleur pesante et moite, l'orage gronde ce soir sur le Mas. Explosions ininterrompues, vacarme assourdissant, la robuste bâtisse en tremble de tous ses membres. De mes yeux collés aux carreaux, je perçois la zébrure des éclairs qui, sans répit, strient le ciel. Pierrot, s'il le pouvait, irait bien se cacher dans une cuve de la grande cave pour échapper à l'effroi. Mon père rit et dit que c'est le Bon Dieu qui lave ses tonneaux à la veille des vendanges.

Soudain l'averse s'abat, brutale, puissante. C'est la pluie, pas la grêle.

« Cette année encore, la grêle nous aura épargnés. »

Tonnerre et averses enveloppent notre sommeil d'un air encore lourd et humide.

Au petit matin, le ciel est lavé, limpide, l'air à nouveau léger, le plein soleil est de retour, mais quelque chose a changé. Les odeurs capiteuses et sèches de la veille laissent maintenant place à des senteurs plus subtiles, c'est un peu comme si le parfum des sous-bois s'insinuait partout, jusque dans les maisons. L'été avec fracas s'en est allé, l'automne à pas feutrés se glisse auprès de nous.

Dans la maison qui sort péniblement des turbulences nocturnes, quelqu'un a un large sourire. Mamet Marie est d'humeur plus que joyeuse, comme si les roulements incessants du tonnerre avaient éveillé en elle comme une envie de chanter, de danser et elle l'aurait bien fait si ses jambes endolories par les rhumatismes le lui avaient permis. C'est que mamet Marie sait que le déluge de la nuit conjugué à la chaleur du sol va susciter le temps des champignons, le temps de la fête des bois.

Les jours s'écoulent, mamet Marie est dans l'attente, sereine puisqu'elle sait que le miracle va se reproduire, fébrile, un peu comme si elle attendait l'arrivée prochaine de son amoureux.

Quatre jours plus tard, au début de l'après-midi, une parole, un cri de joie plutôt : « *Zu, i anen.* »

Elle est là dans le couloir, dans une main le grand panier d'osier qu'elle me tend, dans l'autre, sa canne.

Et nous partons. Dans ma main droite, l'immense panier qui traîne presque par terre au bout de mon petit bras, dans la gauche, la main de ma mamet. Et nous avançons. Le pas est lent, sa démarche percluse d'arthrose, toute saccadée, douloureuse sans doute, mais elle va tel un pèlerin résolu, certaine de découvrir sa joie au bout du chemin.

Elle est longue aujourd'hui la marche, difficile, il ne s'agit pas d'aller chercher les grisets dans le bosquet tout proche… En cette fin d'été, ce sont les cèpes qui nous attendent. Alors, le gros chêne atteint, il faut monter sur le plateau, redescendre vers le bois de la Rocheblave que ma mamet appelle *le bois de la Berthe*. Nous cheminons lentement, mamet Marie me raconte des histoires en provençal, ça doit lui faire moins mal aux jambes de raconter ses historiettes et autres devinettes de son cru. Le plateau franchi, nous descendons maintenant vers l'Ariaille. Avant d'atteindre cet infime ruisselet que les pluies viennent de ragaillardir, nous obliquons sur la gauche et entrons dans le bois.

Soudain, la démarche de la vieille femme change. Si elle reste attentive à ce que les ronces n'égratignent pas trop mes jambes dénudées, l'essentiel de son attention est ailleurs. Du bout de sa canne, elle écarte avec soin les feuilles qui jonchent le sol, avec toute la précaution de celle qui sait la fragilité du sous-bois. Elle furète et, tout à coup, une exclamation : « *Sun aqui, zu, baisso te i massa lei.* » (« Ils sont là, baisse-toi et ramasse-les. »)

Alors, je me faufile sous les branches, presque à quatre pattes. De mes mains, je suis la direction que m'indique la canne et là, au bout de mes doigts, le premier cèpe de l'année. Il y en a deux, trois, dix. Nous avançons lentement dans le fourré et remplissons le panier qui exhale cette délicieuse odeur des bois humides.

Le jour commence à tomber, le panier est plein. Il nous faut redescendre vers le Mas. Cette fois, c'est à deux que nous portons le fruit de l'abondante cueillette, heureux, transportés par la joie qui ferait courir ma mamet Marie vers les autres si elle le pouvait encore.

Nous entrons dans la cuisine où nous sommes attendus. Il nous faut sans tarder découper finement les cèpes pour les mettre à sécher sur les canisses, nous les retrouverons pour embellir les plats de l'hiver. Les plus beaux chanteront bien vite dans le toupin autour d'un perdreau cuisiné au bout du fusil : dimanche, c'est l'ouverture de la chasse.

C'est juillet, l'Homme s'apprête à marcher sur la lune et je vais avoir dix-neuf ans. Mamet Marie est dans son lit, elle se prépare paisiblement pour le Grand Voyage. Elle délire et raconte ses histoires ; de qui parle-t-elle ? Des champignons. Et là, oh surprise, elle nous dévoile l'un de ses *redeu*, un coin à girolles, qu'elle appelait les oreillettes, et que nous ignorions tous jusqu'alors.

Le souvenir de ma grand-mère paternelle est indissociable de la passion pour les champignons qui l'habitait et qui, le premier orage venu, lui faisait lâcher casseroles et autres travaux domestiques pour s'en aller au fond des bois. Il lui arriva même de s'y perdre, au fond des bois, tant la passion était grande, au point de ne pas voir la nuit tomber. Alors, papet Justin attelait le cheval à la vieille jardinière et s'en allait à la recherche de sa fugueuse préférée. Il y avait bien quelques reproches au moment des retrouvailles, mais l'amour faisait le reste et les délices rapportées par notre mamet nous faisaient vite oublier notre émotion.

Aujourd'hui, lorsqu'il m'arrive, trop rarement à mon goût, d'aller aux champignons au bras de ma sœur Didile, l'autre coureuse des bois, c'est à ma mamet Marie que je songe, elle qui m'a appris à découvrir tant de choses du bout de mes doigts.

LA TERRASSE

Je sors de la maison, un angle droit sur la droite, je passe devant le banc, gravis trois marches et me voilà sur la terrasse.

Une aire entièrement dégagée, bâtie à l'ouest de la maison, à peine écornée à l'est par une avancée de la salle à manger. À l'ouest, des colonnettes en béton. Elles se prolongent sur la façade sud, où la puissante glycine qui s'enracine au pied de la cave les enserre de ses tiges foisonnantes, comme si elle cherchait à les étouffer. Au nord, la grande serre vitrée où papet Justin prépare les semis qui, le printemps revenu, iront rejoindre le jardin. Deux vases d'Anduze en encadrent la porte, ils sont emplis de plantes grasses ou de pétunias à l'odeur délicieuse.

La terrasse, c'est tout d'abord un lieu dégagé de tout obstacle. Le vent y prend ses aises et le soleil, du matin au soir, l'écrase de ses rayons. C'est le domaine privilégié pour admirer l'alentour et s'extasier devant le rouge du soir annonciateur du mistral du lendemain.

C'est aussi un théâtre incomparable pour mes jeux d'enfant et mes rêveries quand, tout seul, je m'allonge sur la dalle de béton encore chaude et laisse voguer mon imagination dans des espaces aux profondeurs abyssales. D'ici, j'ai l'impression d'y voir plus loin.

J'y viens souvent durant les grandes nuits d'été et j'y regarde la grande boule de la lune. Parfois, guidé par mes frères ou ma sœur, j'essaie de repérer ces fines têtes d'épingle lumineuses qui s'accrochent tout là-haut, les étoiles. Mon regard, guidé par un proche, furète dans la voûte céleste tel un chercheur de champignons qui scrute le sous-bois. Tout à coup une exclamation :

« J'en vois une. »

Et me voilà parti à la recherche d'une deuxième. D'ici, je repère les lumières des phares des voitures qui circulent en bas sur la route nationale. Mes jeux à cache-cache avec toutes ces lucioles, accrochées au ciel ou qui défilent tout en bas, m'absorbent de longs moments. Parfois, au plus sec de l'été, un incendie sur la montagne d'en face illumine l'horizon. J'en cherche avec les autres les surgissements qui déchirent la nuit. Mais c'est aussi le lieu idéal pour écouter tout le voisinage, le véhicule qui gravit le chemin, le concert des grillons qui enchantent la nuit, ou les bruits sourds et inquiétants de l'orage qui vient. Au printemps, les rossignols mêlent leurs trilles amoureux aux senteurs des lilas dans des volutes de musique et de parfums qui envoûtent celui qui veille dans la nuit.

Ce soir, je suis avec Bernard, mon aîné de cinq ans. J'essaie de courir à toutes jambes derrière le ballon que je parviens parfois à dompter entre mes pieds. Je déborde de joie lorsqu'il m'arrive de conserver la balle sur quelques mètres et je me prends alors à rêver être un footballeur du *Nîmes Olympique*, l'équipe de toute la maisonnée. Bernard se prend au jeu, ses gestes précis et délicats me permettent d'exprimer au mieux mes moindres possibilités. Mon père, assis dans le jardinet un livre à la main, nous regarde avec tendresse.

Parfois, Jeannot et Riri surgissent et se mêlent à nos jeux d'enfants. La partie prend un tout autre tour et j'ai plus de mal à toucher la balle, que les plus grands font voltiger avec adresse. Il arrive qu'un contrôle mal assuré atterrisse dans les vitres de la serre, qui dégringolent dans un grand fracas de verre brisé. Alors, nous laissons là notre terrain de jeu et redescendons en hâte. Papet Justin arrive, nous admoneste avec fermeté ; mais le pardon vient bien vite.

Aujourd'hui, c'est le premier janvier 1956. Je suis sur la terrasse baignée de soleil au volant de ma voiture à pédales que le Petit Jésus a déposée dans mes souliers huit jours plus tôt. Je tourne à toute allure. J'appuie de toutes mes forces sur les pédales. Mon petit véhicule devient soudain bolide. Ici, je frôle les escaliers au grand effroi de mes mamets assises sur le banc, dans le jardinet. Là, je vire au bout du grand rectangle avec la dextérité d'un pilote chevronné. Seulement, il arrive que les meilleurs présument de leurs forces. Je suis lancé à toute vitesse, mais ne parviens pas à virer à temps. Un choc, ma belle voiture toute neuve, ma Frégate, comme celle de mes parents, est brutalement arrêtée par les colonnettes. Phare brisé, pare-chocs enfoncé et moi tout triste. Premier, mais dernier accident.

Avril 1962. Il est deux heures de l'après-midi. Nous sommes presque tous là, rassemblés sur la terrasse. En bas, dans la cour, au sortir de l'écurie, un drame est en train de se jouer. Caïd, le dernier cheval du Mas, s'apprête à être hissé dans le camion qui va nous l'enlever. C'est le dernier cheval qui s'en va, celui sur le dos duquel je suis si souvent revenu de la vigne. Mes parents, mes frères, ma sœur, Catherine, les mamets aussi, regardent. Moi, j'écoute. J'entends claquer les portes, le moteur vrombir et le camion s'en aller sur le chemin. Nous sommes là et nous pleurons.

Avec Caïd qui s'en va, c'est une page de l'histoire du Mas qui se tourne. Il faudra du temps avant de parvenir à panser cette déchirure, y parviendrons-nous ?

LE MAS

C'est une terre, ce sont des murs, c'est un berceau, c'est un jardin.
L'enfant va.

Le Mas des Boutes n'en finit pas de monter. Parti de la Nationale 86, il s'élève de terrasse en terrasse, de plateau en plateau jusqu'à sa fin, la clé de voûte de Saint-Pierre-de-Castres, la chapelle romane. Mille ans qu'elle veille. L'ascension ne se fait pas seule, elle est affaire de rencontre.

L'enfant va et monte depuis la route, longtemps accompagné par les vignes sagement rangées sur sa gauche. Au bout d'un temps, la pente s'accentue. Elle effleure le bosquet dans un méandre amoureux, comme pour caresser les racines des arbres. L'automne venu, ils guettent à leurs pieds la naissance des champignons. Au printemps, à la tombée de la nuit, le chœur des rossignols invite le petit garçon à s'asseoir sur l'herbe. Il ouvre le monde des rêves.

L'enfant poursuit, tranquille. Il frôle les bâtisses. À droite, il laisse le lavoir. L'hiver venu, il faut casser la glace à grands coups de battoir pour couler la lessive. Un peu plus haut, la cave. Ici, le vin se repose et se fait.

Le petit promeneur dépasse la maison sur sa gauche, il y reviendra.

Voici la pause, le plat du chemin qui mène au gros chêne. Au bon soleil de mars, il peut de ses mains faire un bouquet de violettes qu'il respire avec joie. Quand il reviendra, il l'offrira à sa mère ou à sa sœur Didile. L'arbre séculaire dépassé, le chemin pierreux l'attend pour gagner le plateau. Genêts, églantiers, salsepareilles mêlent leurs fragrances aux douceurs de mai. Juin venu, les fleurs de la Saint-Jean le saoulent et font battre son cœur.

Sur sa droite, d'autres vignes. Le vigneron les a posées là dans un bain de lumière. Elles lézardent au soleil et préparent paisiblement le nectar qui fera chanter. L'enfant va. Le plateau de Pianzole s'ouvre à ses pas. Au gros de juillet, les lavandes le submergent de leurs essences vigoureuses. Au froid de décembre, le vent le gifle et le cri apeuré de la grive se perd dans le grand orchestre lugubre qui résonne dans les bois. Il a peur lui aussi.

Et voilà le dernier raidillon qui monte à Saint-Pierre.

Ici, des pierres et des cailloux, des cailloux et des pierres. Les cigales l'été l'entêtent, le mistral l'hiver souffle en sourdine au travers des pins. Le petit pèlerin avance. Enfin voilà Saint-Pierre, son plateau jonché d'iris nains qui exhalent mille senteurs. L'enfant s'arrête. La chapelle l'attend, belle comme au premier jour. L'enfant écoute la voix des moines mêler leurs psalmodies au chant des oiseaux du ciel. Ici on se tait, on respire, on écoute et on prie. Le petit pèlerin y est. Tout est accompli.

Il s'en retourne, s'en revient aux murs.

Parfois, au jour de l'ouverture de la chasse, la campagne le saisit, se fait terrain de jeu, il se prend pour grand, s'empare d'un piquet de vigne. Armé de son fusil imaginaire il s'en va, accompagné de son chien invisible à la recherche du lièvre ou du perdreau. Le chien marque l'arrêt, l'enfant guette. Soudain, deux coups de feu éclatent, des vrais. Alors l'enfant prend ses jambes à son cou et revient vers ses murs y ramenant ses victoires.

Le Mas, des bâtisses robustes et vastes, des murs épais qui protègent et rassurent, il a traversé les siècles. Le froid et le chaud doivent patienter longtemps avant d'y entrer, on peut se préparer pour les accueillir.

Ses formes géométriques plaisent à l'enfant. Il aime les longs couloirs où il peut s'élancer, les volées d'escaliers rectilignes qu'il dégringole à toutes jambes quand il ne se risque pas à se laisser glisser sur la longue rampe, au grand effroi des mamets. La salle à manger et sa grande table autour de laquelle dix-huit convives peuvent prendre place l'enchante. Il fait volontiers de ses belles planches recouvertes de la toile cirée son terrain de jeu favori. Une petite voiture en main dont il imite le bruit, il tourne, longtemps, longtemps. Au temps des vendanges, il installe sous elle sa cave imaginaire faite d'objets de toutes sortes, un carburateur de voiture offert par Riri fera bien une pompe.

La cuisine est énigmatique, tantôt lieu de passage et d'intense activité, tantôt théâtre des conciliabules les plus discrets autour du lapin qui mijote ou de la tisane du soir.

Et les chambres, si froides l'hiver que le givre s'installe sur les carreaux embués. On ne musarde pas pour se mettre au lit, mais le chaud de la bouillotte trouvé, on chuchote entre nous, longtemps parfois. Les amours, chut ; personne n'en parle.

Tout en haut, c'est le grenier, sombre et poussiéreux, il fait peur. Empli d'un bric-à-brac indescriptible, il est magique. Il ouvre à l'imagination des horizons infinis et l'armoire à confitures qu'il ne faut pas toucher fait saliver les garnements gourmands. L'enfant devenu grand se prend pour le seigneur d'Eyquem au sommet de sa tour et y niche dans un coin son bureau de travail.

Face au désordre, à l'amoncellement d'objets, de chiffons, de papiers, l'enfant croit que le grenier ne sera jamais vidé. Qui pourrait venir à bout de ce foisonnement ? Le grenier inviolable, sa maison ne lui serait jamais enlevée. Il s'est trompé l'enfant, le grenier a été vidé et tout le reste avec.

Et pourtant, ils en ont connu de la vie, ces murs. Huit fois dans la chambre qui ouvre au sud un berceau a été dressé. Sept garçons et une fille y ont poussé leur premier cri. Trois d'entre eux, dont l'aîné, ne virent pas le bleu du ciel. Huit enfants, quelle espérance pour le vigneron, quelle douleur pour lui et pour sa femme que cette nuit qui frappa trois fois.

Le mauvais tour joué par les gènes n'empêcha jamais la maison de chanter, de festoyer autour d'un lièvre, de perdreaux ou de bécasses pour célébrer un baptême, le retour des écoliers ou des soldats. La vie et la mort, la fête et la douleur, les rires et les larmes. La mort, elle frappa le père tout juste sexagénaire et faucha trop tôt six des sept garçons, la garce. La mort règne dans ces murs que la vie a quittés, même la vieille horloge s'est enfuie.

Le Mas, c'est le jardin où l'enfant a découvert la vie. L'enfant va. Il effleure avec sa mamet Marie les petits nids où se blottissent les lapereaux, il décèle le picoti du poussin qui va naître et frappe la coquille. Riri dirige les mains de l'enfant sur les moteurs des tracteurs, les socs de charrues, les machines agricoles de toutes sortes. Cylindres, embrayages, carburateurs n'ont pas de secret pour lui. Il écoute le chant de la terre et des vivants qui la peuplent, goûte et déguste les saveurs les plus rares, depuis les petites figues sauvages qu'il cueille en se piquant aux ronciers qu'il faut traverser pour les atteindre, jusqu'aux vins merveilleux qui sortent du tonneau quelque temps oublié. L'enfant est né là, au Mas des Boutes, le bien nommé.

Tout s'en va, l'homme va.

VENDANGES

Le petit enfant a eu du mal à dormir, des tourbillons peuplaient ses rêves.

C'est vrai que depuis quelques jours règne dans tout le Mas et jusque dans la maison une effervescence rare, demain débutent les vendanges.

L'aube vient à peine de poindre. Un bourdonnement confus parvient à mes oreilles, fait d'objets de métal qui s'entrechoquent, de moteurs qui ronflent, de cris de garçons et de filles qui s'interpellent sans retenue. La maison est transportée par une rumeur qui l'emporte au dehors d'elle-même.

Je n'ai nulle envie de rester plus longtemps dans le calme de la chambre. Je lance avec plus de force qu'à l'accoutumée mon formidable *coucou*. Des pas courent dans l'escalier, ma mère entre prestement. Les préparatifs du matin sont vite faits, l'eau de fleur d'oranger avalée, nous filons pour une rapide toilette et c'est dans la précipitation que je m'habille. Tout va vite aujourd'hui, les embrassades matinales, le bol de phoscao fumant presque englouti au risque de me brûler la gorge, je veux moi aussi m'en aller à la vigne.

Pas un mot de plus, je file dans le couloir à la vitesse du chat qui vient de voler un morceau de fromage. Je sors dans la fraîcheur du petit matin, dégringole les escaliers et la rude pente qui passe devant la cave et la maison des domestiques. Je cours à la terre située juste au-dessous des bâtisses, *les Grenaches Blancs*, c'est par là que chaque année les vendanges commencent.

Quel brouhaha ! À peine arrivé, Riri m'enlève dans ses bras et m'assied sur le siège du tracteur garé en bout de rangée. D'ici, je crois dominer toute la vie qui fourmille dans la vigne. Redescendu sur terre, je m'approche de Pierrot, que l'on a embauché pour *quicher* le raisin. La dame en main, c'est qu'il manipule cette énorme masse de bois avec frénésie ! Tel un géant tout en sueur, il écrase les raisins dans les comportes ; quel spectacle !

Je pénètre dans les rangées encore trempées de la rosée matinale. J'y retrouve Didile, ma sœur, Catherine, qui vit depuis si longtemps parmi nous et que j'aime tendrement, puis Françoise, Jacqueline, Anne-Marie et la *madre* Pallarès qui dirige la colle des Espagnols. On m'embrasse, m'interpelle, mais pas trop longtemps. Didile et Catherine ont pour mission de tirer toute cette jeunesse vers l'avant, elles sont les meneuses et pas question de lanterner, les vendanges, c'est du sérieux.

Il y a aussi les hommes, des jeunes, Jean, Claude, Pierre, François, étudiants venus de Montpellier, si différents de mes frères et pourtant si proches ; qu'ils le demeurent. Tout ce monde travaille, rit et chante. Parfois un garçon un peu hardi s'avise d'empoigner une fille, lui écrase une grappe de raisin sur la figure, il la *farde*. La belle qui fait l'effarouchée pousse quelques cris bien joyeux pourtant.

Les sécateurs cliquettent, les filles crient : *seau !* Un garçon, le videur, arrive en courant, le saisit, en tend un autre, emporte le raisin au bout de la rangée, le déverse dans la cornue, que Pierrot *quiche* toujours.

Une vingtaine de comportes chargées, le tracteur s'ébranle…

J'ai quinze ans et je suis dans la cave. Enfant, je venais m'amuser à crier dans les cuves vides pour en entendre l'écho, quand je ne me risquais pas à y entrer carrément pour y jouer avec mon petit copain Maurice.

Il est un peu plus de neuf heures et j'attends le premier voyage du matin. J'entends le ronflement du tracteur qui gravit lentement le chemin. Il arrive devant le grand portail, grimpe un peu plus haut comme s'il voulait atteindre les escaliers de la maison, puis recule sur le quai. La manœuvre n'est pas facile avec la lourde remorque à l'arrière, il faut toute l'habileté de Riri ou de Bernard pour ne pas verser. Le tracteur à l'arrêt, j'entre en scène.

Je grimpe les trois marches qui conduisent aux machines. J'appuie sur l'interrupteur qui met le fouloir en mouvement puis c'est le gros moteur que je démarre afin de mettre en branle la pompe à vendange. Tout n'est plus que vacarme, il faut hurler pour s'entendre. L'énorme piston de la pompe qui cogne tel un bélier fait trembler la bâtisse. Je cours maintenant à la porte de la cuve où tombe en énormes paquets le raisin broyé et son jus, j'en reçois quelques gouttelettes sur ma figure.

Riri, le roi de la craie, note sur le tableau noir les précieuses informations que mon père relèvera ce soir.

Je suis chez moi dans la cave, je dirige le mouvement de la grande presse hydraulique, ici je la fais monter, là descendre. Je grimpe sur l'échelle qui surplombe les cuves où le vin fermente. Quel plaisir que de sentir ces odeurs subtiles, chargées d'arômes prometteurs. Chaque terre, chaque vigne a son parfum, chaque cuvée a son secret. Le vigneron attend dans l'espérance qu'il se dévoile, le travail achevé.

Être là, au sommet des cuves, alors qu'au-dedans d'elles toute une vie s'élabore par ce bouillonnement, ces embrassades d'arômes et de substances mystérieuses, ce doux bruit de mousse légère, a quelque chose d'enivrant. C'est toute une alchimie dont les formules occultes échappent, un tourbillon des sens.

Je tiens le lourd tuyau pour arroser la cuve en pleine fermentation, je suis au comble de la joie. En bas, Jeannot surveille le cuvon où coule le liquide tout fumant afin qu'il ne déborde pas ; demain ou un autre jour, les rôles s'inverseront.

Je sais bien le danger ; le gaz terrible. Un instant d'inattention et comme un coup de barre sec derrière la tête, pas le temps de réagir, on bascule déjà dans la cuve dont on ne sort vivant.

Mon pied qui connaît les moindres détails du lieu, mon nez en éveil, me guident avec sûreté dans l'antre d'ivresse et de péril.

Ma mère est inquiète de me voir exposé. Mes frères, d'un ton blagueur, la rassurent :

« Mais enfin, maman, ce petit qui aime tant le vin ne serait pas malheureux de finir au fond d'une cuve ! »

Il faut bien conjurer le danger et surtout vivre sans retenue ces instants merveilleux.

Dans la maison aussi tout s'agite, c'est que, pour les vendanges, la table familiale s'augmente soudain de huit à dix couverts et il ne s'agit pas d'être en retard pour servir le repas.

Mamet Marie, plus que jamais, se sent investie de la lourde tâche de nourrir toute la maisonnée. Mamet Louise, sa sœur cadette, venue tout exprès de Saint-Victor, lui prête main-forte. On épluche les légumes que papet Justin apporte un peu plus tôt, le fourneau ronfle, les poêles frétillent, les faitouts bouillonnent. On utilise sans retenue les ressources de la basse-cour et du clapier. Cette année, pas moins de 29 lapins finiront dans la casserole : quel chantier !

Le soir vient. On lave et range les seaux, on se bouge à la cave pour mettre tout en ordre. Demain, tout sera fin prêt pour la nouvelle journée.

Mon père fait les comptes, sourit ou grimace un peu, c'est selon… L'atmosphère se détend et la jeunesse reprend ses droits. Claude m'empoigne et me fait danser sur la table en fer du jardinet en chantant : « Quand ça roule, ça roule, quand ça roulera… »

Puis un jour, adieu paniers, vendanges sont faites. Tout s'achève.

Toute la colle est rassemblée devant la maison et sur la terrasse. Le vin blanc de l'an dernier coule à flots. Les gâteaux sont là, chacun y va de sa chanson, de sa danse, de sa bonne blague. Les Gavots tournent la bourrée. Les Espagnols, soustraits pour quelques jours à la férule du dictateur, apportent à la fête finale toute la liesse dont sont capables les femmes et les hommes qui respirent l'air de la liberté. Demain, la bourse un peu regonflée, ils regagneront leur pays et les travaux de la *Huerta*. Je les attends déjà.

Toutes ces choses se gravent en mon cœur et y demeurent.

LA TABLE DU POSTE

Un bel objet en bois de merisier. Une mince planche chevillée sur deux tiroirs profonds en forme le plateau. Les quatre pieds sont finement tournés, sans fioriture. Beauté simple de la matière, le bois, travaillé avec soin. J'aime caresser cette table aux formes douces et arrondies, ouvrir les tiroirs pleins d'un désordre indescriptible auquel j'ajoute volontiers le mien.

La petite table, sortie des mains du papet ébéniste, est posée là, tout juste à gauche à l'entrée de la salle à manger.

Elle nous rassemble. C'est que sur elle, le poste de radio trône. « C'est un Ducrétet-Tomson à lampes », me dit Pierrot, que la famille semble avoir désigné pour en assurer le fonctionnement.

« Touche son bois tout lisse, il est verni. Tourne le premier bouton, juste sur la gauche. »

Je m'exécute ; pour l'instant rien ne se passe, seules de petites lumières semblent apparaître sur le cadran de verre doucement incliné ; cependant, je n'entends toujours rien.

« Il faut attendre, il faut laisser aux lampes le temps de chauffer », me dit Pierrot.

Après de longues secondes, un grésillement se fait entendre, enfin la voix ou la musique. Toute la famille vient à un moment ou à un autre de la journée faire une halte autour de la table et du poste de radio qui l'habite.

Il est 13 heures et le dîner vient de s'achever. On débarrasse la table et on balaie la salle à manger. Papet Justin s'approche et dit :

« Pierrot, mets-moi Grandmougin. »

Pierrot tourne le bouton de gauche et le son arrive lentement jusqu'à nous. Maintenant, il joue du troisième bouton, toujours en partant de la gauche. Un petit voyage au travers de bruits bizarres et nous voilà sur Radio-Luxembourg où retentit l'indicatif du journal parlé : *Dix millions d'auditeurs.* Bientôt la belle voix de basse profonde de Jean Grandmougin se fera entendre. Papet, assis près du poste, écoute. C'est qu'il s'intéresse aux affaires du monde, mon papet.

La chaleur écrase le Mas. C'est le plein juillet. Les hommes émergent péniblement de la torpeur de la sieste. Pierrot se tient devant le poste en marche. C'est le temps du Tour de France. Les uns et les autres s'approchent de la petite table, s'y accoudent parfois. Du haut-parleur recouvert d'un fin tissu surgit la voix de Georges Briquet. Elle nous parvient au travers d'un grésillement ininterrompu, on croirait que les cigales qui s'en donnent à cœur joie dans la campagne alentour s'en sont allées envahir la radio. Des noms arrivent à mes oreilles, Louison Bobet, Fausto Copi, Jacques Anquetil, Federico Baamontes. On parle du Tourmalet ou de l'Izoard. On s'exclame : « Tu vas voir, dans un moment, il va démarrer, celui-là, au plus fort de la pente… »

C'est le soir. La salle à manger est pleine. Les voisins sont là pour la veillée. En bout de table, les hommes jouent aux cartes et parlent haut. De l'autre côté, près du buffet, d'autres hommes racontent des histoires, les femmes cousent ou tricotent, dans une atmosphère de grande gaieté. Pierrot est là, bien sûr. « Voici le club des chansonniers, des chansosso des chansonniers, nous avons nos petits papiers pour vous faire rigoler. » Certains se rapprochent, d'autres poursuivent la conversation. On n'entend pas très bien. « Tourne le cadran », dit mon père à Pierrot qui tripote maintenant un gros bouton placé sur le côté droit. Ça va mieux et l'on rit avec les humoristes, Christian Vébel, Pierre-Jean Vaillard, Pierre Gilbert, Maurice Horgues ou Jean Amadou. Je ne saisis pas tout, mais ris avec ceux qui m'entourent.

Autre soir. La famille est autour de la table pour le souper. La radio reste exceptionnellement allumée sur la petite table durant le repas. J'entends des mots, des noms, Algérie, combats, blessés, morts. Au milieu des cris de la foule en furie et des détonations sourdes, une belle voix de bronze s'élève :

« Ici Julien Besançon qui vous parle d'Alger. »

L'envoyé spécial d'Europe n° 1 raconte, je ne comprends pas tout, mais quelque chose d'étrange, d'inconnu me traverse.

Une autre voix, sourde, inquiétante. Elle me fait peur cette voix :

« C'est Guy Mollet, le Premier ministre. »

Tout le monde s'accroche à la table du poste. Tout le monde est inquiet, je sens bien que c'est grave. Ma mère se tait. Quelqu'un dit : « Jeannot ». J'ai envie de pleurer.

Cette petite table, posée tout juste là, tout près de la porte de la cuisine, est plus qu'un simple objet. Elle est le socle sur lequel les nouvelles du monde, ses joies, ses peines, ses drames envahissent notre maison et la font chanter, rire ou pleurer.

L'ALGÉRIE

L'Algérie : l'enfant écoute.

Algérie, un nom qui traverse les murs, les mers, les âges, le vent.

Avril 1956. La fenêtre de la chambre est entrouverte aux premières tiédeurs du printemps. Les fines odeurs des lilas s'insinuent au travers des rideaux tirés. Dehors le chant d'amour du rossignol s'est tu et les oiseaux du jour, les tout-petits, les bouvreuils qui viennent tout juste de naître, gazouillent en toute liberté.

Ma mère a entendu mon appel. Elle entre sans bruit dans ma chambre, le verre d'eau de fleur d'oranger à la main. Pas un mot ou presque. Le breuvage avalé, elle me prend par la main et me conduit vers la chambre de ma mamet Louise. Là, la commode sculptée, sur le marbre, un Jésus en cire, à côté, un cierge allumé. Elle me dit :

« Vincent, on va prier pour ton frère Jeannot qui est sur la mer, il part pour l'Algérie où il y a la guerre. » La voix est ferme, douce, tremblante un peu. Elle dit encore : « Le cierge restera allumé jusqu'à ce qu'il revienne. » Alors les mots viennent :

« Notre Père qui êtes aux cieux... Pardonne-nous nos offenses... Mais délivre-nous du mal... Je vous salue Marie... Maintenant et à l'heure de notre mort. » Les mots se coincent au fond des gorges.

Dehors, la vie du Mas bat son plein. La vigne est en pousse, les cerises sur les arbres s'apprêtent à mûrir. On coupe les oliviers morts terrassés par le gel de février. Avec le départ du premier des fils vignerons, l'Algérie s'immisce au cœur du clan et on guette le facteur.

Passé les neuf heures, Monsieur Chiron arrive sur son vélo. Une tape sur mon épaule et trois mots : « Adieu mon beau », c'est son coucou à lui. Par n'importe quel temps, il ne manque jamais l'heure, Monsieur Chiron. Pas même en février, ce jour où le thermomètre indiqua moins dix-neuf degrés. Mamet Louise est là, pétrifiée au mitan de l'escalier quand Riri annonce la nouvelle, elle parvient seulement à lâcher : « Cette fois, c'est la fin du monde. » La neige recouvre toutes choses de son épais édredon blanc. La vieille horloge sonne les neuf heures. Ma mère me débarbouille devant le poêle de la salle à manger qui ronfle. Les canalisations sont gelées, éclatées, il faut s'en retourner chercher l'eau à la source. Monsieur Chiron entre : « Adieu mon beau. » Soudain, il s'affaisse, comme congestionné. On s'empresse, on le frictionne, il revient à lui. Ce chaud et froid, ça vous démonte, même les plus robustes. Un petit verre de rhum et le voilà reparti sur son vélo. Demain, à la même heure, dans le glacé du petit matin, le courrier sera là.

On attend l'heure, on scrute l'apparition du vélo, on espère la lettre. Dans le tas de courrier, on cherche l'enveloppe ornée de l'écriture de Jeannot. Tout ce que la maison compte de présence se rassemble. Ma mère lit :

« Chers parents », puis d'autres mots viennent, opérations, embuscades, fellaghas. L'enfant écoute. À la fin, « deux gros baisers à Vincent. » Puis la lettre reste là, sur le buffet. Ceux qui rentrent plus tard de la vigne la trouveront pour eux ; ils la liront. Le soir venu, ma mère la range avec soin. Parfois Jeannot prévient, la prochaine tardera, il part en opération. L'attente sera lourde. Au retour, le texte parle d'accrochages, de combats, d'attaques pendant la nuit ; l'enfant entend.

Les paroles qui lui parviennent, ce sont aussi celles de la radio, omniprésente. Elle est là dès le matin, à midi encore, toujours le soir. Des sons frappent son oreille, explosions, hurlements de foules, pleurs, de femmes surtout. Des hommes s'annoncent depuis Alger ou Oran : Julien Besançon, Yves Courrière, Christian Brincourt. D'autres noms arrivent jusqu'à lui, Guy Mollet, François Mitterrand, le général de Gaulle, celui-là, il a une drôle de voix, moins inquiétante pourtant que celle de Guy Mollet. Tout ce flot submerge l'enfant. Nul ne songe à l'en écarter.

Les lettres du soldat ne parlent pas seulement de choses cruelles. Il évoque les copains de chambrée, André, Lucien et tant d'autres ; l'épicière d'Aïn Bessem, Madame Bertrand, qui prépare le ravitaillement du régiment. Il raconte les magnifiques paysages traversés et le cœur fermé des colons dont il garde les fermes.

Jeannot écrit beaucoup, il faut lui répondre. C'est maman qui écrit le plus, parfois papa ou encore Pierrot qui tape à la machine à écrire. À mon tour, je dicte un petit texte :

« C'est ce dimanche 16 décembre que je t'écris ces quelques lignes. Quand tu reviendras, tu sentiras l'Arabe. »

L'Arabe, voilà l'ennemi qu'il faut combattre, celui à qui Jeannot fait la guerre avec ses copains. Dans le flot des mots et des phrases, l'enfant, au seuil de ses six ans, a compris ça.

Noël 1956. Autour de la crèche créée par Riri et au pied du pin coupé dans la campagne, la famille s'agenouille pour prier. Deux invocations reviennent en fin de prière : « Sainte Jeanne d'Arc, saint Michel, sauvez la France. »

2 décembre 1957, il revient notre Jeannot, mais qui est-il ? Il n'est plus le même, amaigri, nerveux. Un mot toujours à ses lèvres : *attention*. On ouvre une porte, *attention*, on lui tend un plat, *attention*. Derrière toute chose se cache le fellagha prêt à surgir.

Avril 1958. Jeannot revenu, c'est Riri qui s'en va. L'enfant grandit.

Les lettres sont plus rares, celui-là n'a pas l'âme écrivaine. La situation du second est moins risquée que celle du premier. Conduire la Traction avant du colonel est moins périlleux que crapahuter dans les gorges de Palestro. Tout de même, l'inquiétude demeure. La radio fait toujours son œuvre. Ici, une exclamation de Pierrot :

« Jacques Soustelle est arrivé à Alger. » Mai 1958, milieu d'après-midi, j'étais dans la chambre de ma sœur.

Moins d'angoisse, plus de paroles, plus de conversations. De Gaulle, espoir de la victoire. De Gaulle, déception, colère devant la trahison ; inacceptable ; la France vaincue par les Arabes ; impossible.

Le climat est lourd au Mas, les discussions vives, orageuses. L'enfant perçoit les conflits de mots, la violence sourde au travers des phrases, mais l'école l'appelle, retrait du clan.

Septembre 1958 : Marseille.

Ici aussi l'Algérie est présente et fracture les épaisses murailles qui enserrent l'Institut. Dans les discussions d'enfants, les rues, au Mas, l'Algérie est partout. Alain et Jacques, enfants aveugles venus de Bougie et Constantine sont comme possédés par le drame.

23 avril 1961, vingt heures. Les élèves sont tous rassemblés dans la salle d'étude de l'Institut. À la radio, le général de Gaulle parle. La voix est grave, tragique :

« Un pouvoir insurrectionnel. Un quarteron de généraux en retraite. » À la fin du discours, un appel, presque un cri :

« Françaises, Français, aidez-moi ». L'homme que l'on disait sorti des tourmentes de l'Histoire en appelle à l'aide. Les passions se déchaînent, les mots transpercent l'enfant. On parle de coup d'État, de guerre civile, de parachutistes sur la ville. Jacques et Alain espèrent en la réussite des généraux félons. D'autres, beaucoup d'autres, craignent pour la paix civile. Le tourbillon s'installe au cœur de l'enfant grandi, tempête sous un crâne.

1962. La guerre est finie. Les Arabes ont gagné. Depuis longtemps Riri est revenu, mais d'autres débarquent maintenant. Ernest et Raymonde, Manette et Gracieux, leurs enfants, un jeune couple, Sylviane et Jean-Louis, sont là, tous la valise à la main. Ils ont accueilli Riri en Algérie, alors, c'est à notre tour.

Mamet Louise ouvre la porte de sa maison de Saint-Victor, accueille les naufragés et vient se réfugier au Mas. Ils s'installent, il faut bien donner un toit à ceux qui n'ont plus rien. Mais le débat fait toujours rage, de Gaulle, le traître, ces généraux que l'on arrête, dégrade et juge, et qui n'ont comme faute que celle d'avoir voulu conserver l'Algérie française. L'enfant qui grandit se passionne et hurle avec les grands, curieusement Jeannot et Riri se taisent.

Des pratiques nouvelles arrivent, l'anisette remplace pour un temps le pastis, couscous, brochettes et merguez sont sur nos tables, la kemia supplante l'apéritif. Puis la vague retombe. Les exilés s'installent, prospèrent même, l'enfant grandit et pense.

6 avril 1970 au petit matin. Riri me secoue : « Vincent, viens. » Je me lève et descends. Riri est là dans le bureau, une lettre à la main. Jeannot vient de partir. Où ? Nul ne le sait. Il nous laisse un message bouleversant de détresse, donne quelques consignes pour réorganiser la vie du Mas, nous dit que l'on retrouvera la fourgonnette avec laquelle il s'est enfui. Il parle de rappeler son souvenir aux enfants de ma sœur. C'est le drame, la déchirure, le premier des vignerons a posé la pioche, face aux difficultés il a déserté tel un soldat dans la débâcle.

Jeannot parti, mon point d'ancrage disparu, le lycéen rejoint sa classe, rongé par le chagrin et l'inquiétude. Soirée au Mas, famille rassemblée, mère debout, père malade mais qui fait face, il reprendra la barre s'il le faut. La maison tangue, mais tient bon.

Quelques jours d'angoisse puis un appel : « Je suis à Aiguebelle », l'abbaye cistercienne que nous aimons. Dimanche 12 avril, mon père, ma mère et mes aînés partent retrouver Jeannot. Il est mal, très mal, il me demande.

Ce lundi, je ne suis pas au lycée, mais auprès de lui. Il est comme l'arbre que la tempête aurait presque déraciné mon Jeannot, lui si fort, si robuste. Cette main qui me guide avec sûreté tremble aujourd'hui, je la serre dans la mienne. Il parle, on parle, soudain après un sanglot :

« Tu sais, en Algérie, c'était terrible. Un jour, on a attrapé un fellagha. Les chefs l'ont torturé. Après, ils me l'ont mis entre les mains, un pistolet-mitrailleur aussi et m'ont dit : “Va là-haut, au bord du ravin de Souk el Kremis, tu le sèches et tu le donnes aux chacals.” Moi, je suis parti avec l'homme. Arrivé au bord du ravin je lui dis : “tu files” ; et je décharge le pistolet dans les broussailles. C'est la première fois, Vincent, que je dis cela, si on l'avait su, je serais passé en Conseil de Guerre. »

Désarroi du soldat qui a désobéi, honneur de l'Homme qui n'a pas tué de sang-froid, mais l'Algérie et son traumatisme sont toujours là et minent même les plus forts.

Cette guerre, c'était une saloperie et le jeune homme sait bien maintenant que le bien et le mal n'étaient pas forcément là où l'on voulait les situer.

Mars 2014. Notre avion se pose sur l'aéroport Houari Boumédiène d'Alger, hier Alger – Maison Blanche.

Je foule pour la première fois la terre algérienne, près de soixante ans après Jeannot. On m'accueille avec effusion, je viens pour travailler au développement des structures pour personnes aveugles. Ana et moi sommes comme happés, portés par nos hôtes. Pas moyen de prendre un petit temps rien que pour nous, on nous enserre en permanence. Beauté de l'hospitalité orientale ou surveillance rapprochée ? Bouxesso, un vieux monsieur, me dit : « Je regrette le temps de la France et de sa culture. » Tiens, tiens.

Vendredi, la Mercédès conduite par Fouzi avance sur la route de la Kabylie. Yacine, assis devant. À mes côtés, Ana mon amie tient sur ses genoux les deux cent quatre-vingt-une lettres écrites par Jeannot. Nous sommes dans ces terribles gorges où tant des nôtres sont tombés. Larmes plein les yeux, j'appelle ma sœur, je dis : « Je suis sur ses pas. »

Ana lit Jeannot, des noms viennent : la ferme Lubrano. Nous y arrivons. Un vieil Arabe nous raconte, les pieds dans la boue de ce jour de pluie et de tristesse, il parle sans haine des soldats français.

Voici Aïn Bessem, son église transformée en bibliothèque, mais la Croix du Christ est toujours sur le fronton, Ana prend des photos.

Voici la rue, l'épicerie de Madame Bertrand. J'entre dans la pièce où Jeannot venait boire le café et chercher les provisions du régiment. Un vieil Algérien parle abondamment de cette période et se souvient.

On palabre avec nos hôtes, on visite des écoles spécialisées, une belle imprimerie braille, on échafaude des projets, mais au concret, rien n'avance.

L'Algérie, quel drame. L'homme sait depuis longtemps la complexité des choses. L'Algérie et tant d'autres événements ou lectures ont façonné sa conscience politique. Le chantier de la grande fraternité humaine est face à nous.

LES DEUX MAMETS

Marie l'aînée, Louise la cadette, étaient deux sœurs. C'étaient mes mamets.

Marie, c'est la campagne, ce sont les champignons, les poules et les lapins, la cuisine et sa force du goût. Ah ! ma mamet, tes fricots d'herbes des champs et tes ragoûts de truffes au temps où il suffisait de courir la colline pour en remplir son sac... Quel festin !

Louise c'est le village cossu, l'attrait pour Avignon, la Cité des Papes, où Léopold la conduit en voiture ; la musique, l'opéra. C'est la cuisine du dimanche et des repas de fête. Ton veau sauce Madère, mamet Louise... Quelle folie !

Marie, c'est la dure au mal qui suit son époux Justin, l'épaule sans contredit. Elle est autant à la vigne qu'à la maison et la claudication de ses vieux jours n'est pas étrangère aux efforts fournis par n'importe quel temps. Avec papet, elle a bâti le Mas.

Louise, c'est l'âme de la maison de Léopold l'ébéniste. Elle suit avec rigueur les comptes de l'artiste, elle tient la barre, Louise.

Marie, c'est la grand-mère du quotidien et du matin, du *Phoscao* ou de la rondelle de saucisson, des mots douillets. Elle déchiffre à grand-peine les nouvelles du journal. Louise, c'est la grand-mère des visites et du soir, qui lit abondamment et, quand elle est au Mas, ses lectures ferment mes paupières.

Marie n'est pas la femme des toilettes et des parfums. Un tablier de travail et le tablier de devant, un peu d'eau de Cologne le dimanche pour la messe.

Louise, c'est la coquette. Je la sais l'hiver, quand il gèle à pierre fendre, debout en chemise de nuit devant la fenêtre ouverte aux folies du mistral, faire sa toilette avec précaution. Pour avoir un peu moins froid, elle utilise l'eau encore tiède de la bouillotte glissée la veille au soir dans son lit. On dit d'elle que, si elle le pouvait, elle laverait l'eau. Elle apprécie les gâteries de la vie et lever en famille une coupe de champagne la met en grande joie.

La foi de Marie était celle du charbonnier, celle de Louise était celle de la réflexion, de l'approche des textes sacrés.

Et puis, il y a la benjamine, Henriette, notre tata de Colombier, qui arrive au Mas lorsqu'il s'agit de charcuter le cochon.

Dès le petit matin, la maison est en ébullition. Les marmites pleines d'eau bouillonnent, le fourneau ronfle telle une forge, couteaux et hachoirs que je peux à peine caresser sont sur la table de la grande salle à manger recouverte d'un drap blanc. La machine à charcuter dont je tournerai bientôt la manivelle est fixée tout au bout.

Un cri, deux cris aigus transpercent l'air. Je sors de la maison. Dans la courette proche des lapinières, l'homme vient de planter le couteau dans la gargamelle du cochon, qui expire bientôt. On le couche sur la grande caisse en bois, les hommes le rasent, le pèlent, puis viendra la découpe. Les femmes courent au bassin laver la tripaille. Le sang a rempli le grand toupin de terre. C'est l'heure de faire le boudin avec la frigoule, les quatre épices et la mie de pain. On sale, on ajuste l'assaisonnement, Pierrot taste la préparation et sur son dire, on rectifie, c'est un travail d'artiste.

Les trois sœurs sont là, tranchent, pèsent, emplissent la machine que je viens parfois tourner, ficellent les boyaux des saucissons dont je touche le gluant avec plaisir. Elles sont dans l'exaltation de toutes ces préparations qui nourriront la famille l'année durant et elles rient, se racontent des blagues jusqu'à en perdre haleine. Journée de travail, journée de fête, c'est ça, la journée du cochon animée par ces trois jeunesses de plus de soixante-dix ans. Je cours d'une table à l'autre dans cette maison qui sent la graisse, la tripe et les herbes des collines.

J'attends le repas qui va bientôt venir. Sur la table arrivent la fricassée qui embaume et les boudins au goût inoubliable. C'est la fête du goût et du gras, je me régale.

Page d'histoire.

18 août 1901 : Louise Broche, dix-neuf ans, prendra demain pour époux Léopold Borelly. Cette bonne chrétienne, responsable des Enfants de Marie de sa paroisse, s'est rendue à confesse le 14 août, veille de la fête de l'Assomption.

La veille du mariage, le curé du village, l'abbé Pontet dit :

« Louise, demain tu te maries, aujourd'hui, tu dois te confesser. »

Louise répond :

« Monsieur le curé, je me suis confessée pour le 15 août, et depuis, je sais que je n'ai pas commis de péché, surtout pas de péché mortel, je n'ai donc pas à retourner à confesse. »

Le curé dit :

« Louise, c'est la tradition de l'Église et si tu ne te confesses pas, tu n'auras pas droit à la messe de mariage. »

Sûre de la paix de son cœur, Louise ne céda pas et n'alla pas à confesse. À la grande stupeur de tout le village, la première des Enfants de Marie n'eut pas droit à la messe de mariage et sa force de caractère lui valut une simple bénédiction nuptiale. Cela n'empêcha pas que, plus de vingt ans plus tard, son fils premier-né, notre tonton Henri, soit ordonné prêtre à la cathédrale de Nîmes.

C'était cela Louise, la rigueur, la conscience, le droit.

CÉCITÉS

Encore tout écorché, l'homme écrit ses lignes. L'enfant joue dans la salle à manger. Il court autour de la grande table, s'amuse, virevolte entre les chaises. Soudain, geste imprécis, il se cogne fortement contre l'une d'elles. Des pleurs, une dent ébréchée, un peu de sang sur les lèvres. Didile, la grande sœur, accourt, le prend dans ses bras, console.

« Ce n'est rien, Vincent, ça va passer, tu sais, tu es aveugle comme Pierrot et Jacquot, aussi, tu dois faire un peu plus attention. »

Aveugle, le mot est lâché, un mot curieux que l'enfant a du mal à saisir. Un mot que Didile vient d'associer à deux prénoms, Pierrot et Jacquot. C'est quoi ne pas voir ? L'enfant se questionne en son dedans. Ses yeux lui apportent bien de la lumière. Le soir, il distingue les lampes allumées, le lustre de la salle à manger et, depuis la terrasse, la lune et même les fines pointes des étoiles accrochées au ciel. Le jour, il est ébloui par le grand soleil. Pourtant, il sait qu'il ne peut pas, comme Jeannot ou Riri, jongler avec le ballon, attraper les cigales qui tout l'été chantent dans les arbres, ni se régaler des dessins des livres qui font tant rire Bernard. Alors, « c'est quoi *comme Pierrot et Jacquot* ? »

Le petit dernier sait que ses deux frères ne se ressemblent pas, ne vivent pas de la même manière. N'empêche, Didile a bien dit : « Aveugle, comme Pierrot et Jacquot », c'est quoi tout ça ?

Pierrot garde la maison, reste le plus souvent assis dans la salle à manger devant le poste de radio, ou occupé à passer ses doigts sur des feuilles de papier remplies de petits points semblables à ceux du gilet que mamet Louise tricote. Il dit : « Quand tu seras plus grand, je t'apprendrai à lire comme moi. » Et il tiendra promesse.

Pierrot. Quand il n'est pas assis, il déambule lentement dans la maison entre cuisine et couloir, gravit à pas comptés les escaliers qui conduisent à l'étage et descend en tâtonnant. On croirait qu'il cherche chaque marche du bout de son pied qui tremble. Quand il se risque à sortir, c'est pour circuler prudemment devant la porte, se poser sur le banc. Parfois, il s'aventure jusqu'à la terrasse. S'élancer tout seul plus loin, il ne peut pas, il a peur. Ça trouble le petit frère qui grandit. « Pierrot, viens, nous allons chez Didile. » Elle habite tout près de la maison. La portette franchie, on avance sur le petit chemin tout en blaguant. Le petit dernier ne voit pas, qu'importe, son pas est sûr, il va, l'aîné le suit.

Jacquot n'est pas souvent à la maison. On dit qu'il est à l'école, loin, à Montpellier puis à Marseille. Quand il revient, c'est la fête. Il se met au piano et joue des choses merveilleuses pour l'enfant qui écoute, sagement installé dans le bureau. Il aime beaucoup la *Marche turque* de Mozart, le petit frère. Ou quelque chose de très doux, *La fille aux cheveux de lin*, de Debussy. Parfois, après le souper, Jacquot saisit son violon. Alors, l'enfant se campe face à lui et écoute de toutes ses oreilles. Quelque chose d'étrange se passe qu'il ne peut parler avec ses mots. Il est fasciné, émerveillé, comme porté par une voix intérieure qui l'emmène il ne sait où. Ce qu'il sait, c'est qu'il voudrait que ça ne s'arrête jamais.

Le jour, Jacquot part tout seul dans la campagne, s'en va trouver ses frères à la vigne ou à l'atelier, circule dans la cave comme au jardin où le papet l'accueille et l'éveille.

Quand il croise le benjamin ou rentre à la maison, il a toujours un objet en main qu'il lui fait découvrir de ses doigts : « Vincent, ça, c'est un tournevis ; ça, une clé à molette. » Il n'a de cesse de bricoler, de tenter de réparer quelque chose ; ou de le détraquer ! Parfois, il ouvre le ventre du piano et propose à l'enfant d'y entrer avec ses mains. Les cordes, les chevilles, les marteaux et les feutres, que de choses bizarres ! Il circule partout, Jacquot, touche tout ce qui lui tombe sous la main et l'enfant, tant qu'il le peut, essaie de le suivre. Seulement, on les surveille ces deux-là. C'est qu'on a peur pour le plus petit tant l'autre est intrépide.

Quand Jacquot avait quatre ans, on avait fait des travaux à la maison et démonté le plancher de la chambre du fond. Le petit aventurier avait réussi à ouvrir la porte de la pièce et, patatras, s'était retrouvé en contrebas, au beau milieu des légumes et des corbeilles emplies de linge sale. Il pleura un peu, paraît-il, mais ne se cassa rien. Sa visite intempestive au pays des paniers n'effraya pas le petit cascadeur et n'entama en rien sa soif de découverte.

Il faut du temps à l'enfant, qu'il grandisse, pour qu'il saisisse l'énigme de sa famille. « C'est quoi *rétinite pigmentaire* ? » Ça frappe à trois reprises, 1931, 1940 et 1950 et tombe sur trois garçons.

Encore tout écorché, l'homme suit son chemin d'écriture, cherche à tâtons ses mots dans la nuit de tout ce qui a été.

13 décembre 1931. Un cri résonne dans tout le Mas : « C'est un garçon ! »

Claire, allongée sur son lit, pose contre son sein l'enfant mâle aux yeux magnifiques. Elle offre à la vigne plantée par le papet, et promise à Henri son époux, le fils appelé à s'inscrire dans le sillon. Quelle joie, quelle fierté, c'est Noël avant l'heure et quand vient le moment de célébrer l'Enfant de Minuit, c'est un chant d'action de grâce qui monte du cœur de tous.

Joie intense devient douleur, horreur. Les beaux yeux sont trompeurs. Claire le sait, l'annonce est tombée, Pierrot est aveugle. Tout bascule, l'édifice imaginaire vole en éclat, la nuit du premier né s'empare de tous et ne les lâche plus.

La destinée de Pierrot, c'est la rencontre d'une époque, de l'ignorance et d'un trop de compassion.

Pierrot aveugle, que faire ? Qui pour consoler la mère, porter parole de rescousse ? Elle n'est pas coupable, Claire, qui pour le lui dire ? Il ne travaillera pas la vigne, Pierrot, mais tant de richesses cachées en lui qui ne demandent qu'à éclore. Qui pour susciter confiance, faire germer tout cela ?

Il y eut l'amour d'Henri. « Tu sais Vincent, me confie la mère en versant doucement la verveine de ce soir d'enterrement, ton père a toujours été près de moi dans l'épreuve. Quand nous avons appris que Pierrot ne voyait pas, comme moi il s'est effondré. Il s'est bien vite ressaisi. À mes côtés, il s'est toujours montré tendre et fort. Il s'efforçait de cacher sa peine pour ne pas m'éprouver davantage. N'empêche, plusieurs fois je l'ai surpris à pleurer. C'est lui qui a insisté pour que l'on soigne ton frère, le Papet aussi, qui savait bien, lui, ce que ça lui coûterait. Tous voulaient tout tenter. »

Alors, au lieu d'ouvrir le fils premier-né à une vie sans voir, l'on soigne Pierrot. On s'efforce de trouver les meilleurs spécialistes. On prend la route ou le train, une fois, dix fois, vingt fois et l'on va du Mas à Lyon, de Lyon à Paris, de Paris à Florac. Cela dure des années et des années et coûte une fortune. D'argent, on n'en parle jamais. Le petit garçon craint affreusement la voiture, vomit tout ce qu'il sait. Quand il arrive chez le grand professeur Soederling, ce sont des traitements affreux qui lui sont infligés, des chocs électriques dans les yeux, douleurs atroces et inutiles. Quand il grandit, Pierrot, il ne veut plus quitter ses frères ni sa sœur et aller seul vers ses souffrances. Alors, à tour de rôle, Riri ou Didile embarquent avec les parents pour ces voyages sans espoir. « Tu sais, raconte Riri quelques jours après la mort de l'aîné, quand il ressortait de la salle d'examen, son visage était comme révulsé, ses yeux semblaient comme brûlés, c'était insupportable. »

Rien n'y fait. Les beaux yeux du bébé sont irrémédiablement abîmés et se ferment à tout jamais. Pierrot ne voit pas, et pire encore, il se raidit, se recroqueville, entre en lui-même dans la peur panique du médecin et de tout ce qui s'y rattache ; elle ne le quittera plus.

8 avril 1997. Je suis à la clinique de Bagnols-sur-Cèze auprès du lit de Pierrot. Il vient de subir une lourde intervention chirurgicale, un cancer du côlon trop tard détecté. Il sait bien que sa fin est proche.

Il est là, paisible mon Pierrot, et nous parlons. La pensée encore alerte, la prodigieuse mémoire intacte. Nous revisitons ensemble des décennies d'histoire du Mas ou du monde. Soudain une question me vient :

« Pierrot, ça n'allait pas ces derniers temps, tu le sentais bien, pourquoi n'as-tu rien dit ? »

La réponse fuse, lapidaire :

« J'avais peur. »

Les traitements si durs subis par le petit aveugle font mal à tous. Ils ne sont pas pour rien dans la compassion démesurée qui lui est portée par les parents, les grands-parents puis par les frères et la sœur. Tous cèdent à cette injonction familiale, jamais formulée comme telle, mais qui suinte par tous les pores des êtres et des lieux : « Tout pour Pierrot. »

Cet enfant qui ne voit pas, cet enfant que l'on maltraite pour essayer de le guérir, on le plaint, on le choie, on va sans cesse au-devant de ses demandes même les plus anodines. Pierrot pleure, on accourt ; Pierrot refuse ses légumes et réclame du saucisson ou de la confiture, pourquoi le priver de ses petits plaisirs ? Il se construit, petit garçon capricieux, adulte autoritaire, toujours dépendant. On a fait du bébé Pierrot un enfant pataud, il ne marche réellement tout seul, Pierrot, que les dix ans venus. Il ne voit pas, Pierrot, mais rien de plus.

Et l'école alors ? Il faut bien y songer, mais l'idée de la séparation est un déchirement. La peine ne dissuade pas

Claire et Henri de visiter les établissements spécialisés. Marseille, l'endroit leur paraît sinistre ; déjà ! Montpellier, réponse négative. Reste Toulouse, à une journée de voiture du Mas. C'est là que Pierrot fait son entrée à l'automne 1940.

« C'étaient des voyages interminables, me raconte ma mère. Il fallait traverser toutes les grandes villes, Nîmes, Montpellier, Béziers, Narbonne et ainsi jusqu'à Toulouse. Les contrôles de police fréquents en ces temps de guerre ralentissaient notre route. On partait tôt le matin pour arriver le soir venu. Et les hôtels, sinistres à cette époque où tout manquait, une vraie expédition. Avec ça, ton frère pleurait, vomissait, ne mangeait rien dans les restaurants peu achalandés. »

À l'école, l'enfant apprend vite, très vite, tout le met en appétit. L'esprit est vif et il retient si bien.

Dans le cercle fermé et dur de l'institution, il est malheureux. La vie est rude dans ces bâtiments vétustes et sans chauffage, toujours la guerre. Les repas sont frugaux. Il ne se délie pas. Sa peine trouble la famille. Aussi, lorsqu'au début de l'hiver 1942, suite à l'occupation de la zone libre par la Wehrmacht, la direction de l'établissement propose aux familles éloignées de reprendre leurs enfants, Claire et Henri ne se font pas prier et Pierrot retrouve les siens et toute la démesure de leur amour.

L'école du petit village de Colombier, que fréquente sa sœur, l'accueille pour un temps. Pierrot apprend facilement. Mais pas question de se risquer seul dans la cour de l'école, c'est solidement accroché au bras de Didile qu'il sort en récréation. Le secours quotidien de ceux qui l'entourent lui reste indispensable.

Automne 1946, les établissements spécialisés rouvrent leurs portes. Pierrot, accompagné du petit frère, Jacquot, rejoint l'établissement de Montpellier.

Quotidien plus facile dans l'école confiée aux sœurs de Saint-Vincent-de-Paul. Il lit et écrit avec facilité. Son agilité à manier les chiffres surprend et que dire de l'histoire, de la géographie, où il excelle... Mais le retard pris ne se rattrape pas. Lorsqu'il quitte l'établissement en juin 1951, c'est un aveugle sans métier en main qui rentre au Mas et y reste.

Alors commence pour Pierrot une vie sédentaire qui s'étiole au fil des ans.

Au début, dans l'élan pris à l'école, le jeune adulte participe au mieux à la vie familiale. Il tape des courriers à la machine à écrire, lit beaucoup, écoute quotidiennement la radio. Le dimanche, il accompagne son père et ses frères au match de football à Nîmes. C'est un adulte cultivé. Il se déplace avec aisance dans l'histoire de France et du monde et débat de la vie politique avec passion.

Je suis dans le grenier du Mas dont j'ai fait mon bureau et travaille à ma thèse d'histoire contemporaine. J'en suis à traiter de la vie politique de la Quatrième

République. Soudain un trou de mémoire. J'ouvre la porte du grenier et hurle du sommet de la maison : « Pierrot, le gouvernement Laniel ? » Du pied des escaliers où il se trouve, la réponse fuse sans hésitation. Combien de fois au cours de mes années d'études ferai-je ainsi appel au savoir de l'aîné ; c'est tout de même bien plus pratique que d'aller fouiller dans une chronologie !

Progressivement, Pierrot sort de moins en moins, délaisse la machine à écrire et impose de plus en plus au groupe ses vues et exigences, pertinentes ou pas. Le corps s'ankylose, l'esprit s'engourdit. Les conflits avec Jacquot se multiplient, l'aîné ne supporte pas l'aisance, l'insouciance de son cadet.

Celui qui écrit peine à trouver les mots pour dire ce qui lui fait effroi dans la vie de l'aîné de tous. Il le voit sur sa chaise, coincée entre la porte de la salle à manger et la caisse du pain, recroquevillé sur lui-même comme s'il s'attendait à recevoir un coup. Image insoutenable de cet homme dont même la parole parfois s'égare.

16 avril 1997 début d'après-midi. Ce matin, Pierrot s'en est allé rejoindre son père et d'autres membres de sa famille dans le caveau familial. Ma mère me dit :

« Vincent, il y a là sur l'étagère des livres qu'il avait empruntés pour lire. Peux-tu m'aider à les classer afin que je puisse les renvoyer ? »

Je prends un volume entre les mains et lis : *Charles de Gaulle mémoires d'espoir*.

L'espoir de Pierrot, quel était-il ? Le cœur à vif, l'homme mûr qui aujourd'hui écrit porte cette question.

Il y a sans doute, dans l'engagement qui est le mien au quotidien, une volonté inconsciente d'exorciser le drame de Pierrot ; de Pierrot et de Jacquot.

Jacquot vient au monde neuf ans après l'aîné, le 8 novembre 1940, mais avant lui, Jeannot en 1934, Riri en 1936 et Didile en 1938 sont venus enrichir la famille de Claire et Henri, et ceux-là voient. Comme pour Pierrot, c'est quelques jours après la naissance que la cécité est entrevue. Quatre plus grands qui prennent les bras, un certain fatalisme peut-être, et la guerre qui pèse ; le cercle des Michel accueille de toute autre façon le nouvel aveugle.

Jacquot est un peu malingre, mais vif. Dès un an il marche seul et s'élance. Il circule partout, quelle surprise, on le laisse aller. Il se dégourdit avec ses frères et sa sœur qui l'entraînent dans le tourbillon de leurs jeux. Papet Justin semble émerveillé devant l'habileté tactile du tout-petit qui, sans y voir, fait merveille avec ses mains. Ils se retrouvent souvent au jardin.

Lui aussi passe entre les mains des médecins, pas d'acharnement, la cécité est acceptée comme inéluctable.

Il entre à l'école de Montpellier dès l'âge de six ans et, là encore, sa vivacité surprend. Mais c'est autour de la musique qu'émerge tout le sensible du jeune enfant. Dix ans plus tard, il rejoint l'établissement de Marseille. Ses talents de musicien se confirment et il découvre un savoir-faire supplémentaire, celui de facteur et accordeur de piano. Bon pianiste, violoniste honorable, il est un magnifique organiste.

Ce 13 mai 1962, je suis tout en moi-même dans la nef de la chapelle de l'Institut des Jeunes aveugles de Marseille. Moment important de l'éveil à la foi.

Je m'apprête à renouveler solennellement les promesses de mon baptême. Là-haut, à la tribune, Jacquot tient les orgues. Il joue le *Cantabile* de Franck de façon si intérieure que le chant me rejoint plus de cinquante ans après, assis à mon bureau d'écriture.

Il va partout tout seul, Jacquot, déambule dans les rues de Marseille où il retrouve ses camarades de l'Institut pour aller au concert ; le dimanche, c'est le pastis chez Ancelli ! Avec ses dons, son travail, sa soif de vivre, il construit pas à pas son futur.

Lorsqu'en 1963 le Frère Jean-Sébastien lui propose un contrat de professeur stagiaire, la famille est ravie et fête le succès. Deux ans plus tard, un imbroglio brise l'élan, Jacquot revient au Mas.

Il entre à la maison, mais n'a de cesse que d'en sortir. Rester oisif lui est intolérable. Alors il installe dans un recoin du Mas un atelier de facture de pianos, prend part aux activités de la jeune école de musique de Bagnols-sur-Cèze et en crée une dans le village voisin de Laudun. Les affaires vont bien.

Puis le lycée de Bagnols le recrute comme contractuel et il prépare les examens de professeur de musique de l'Éducation nationale.

Il réussit, Jacquot. Au Mas, ses succès suscitent enthousiasme et trouble. Soudé derrière Pierrot qui se tasse sur sa chaise, le clan a du mal à adhérer à la démarche de celui qui saisit son destin, à son élan vital qui brise préjugés et habitudes. Tout est désormais sujet à conflits, depuis la longueur des cheveux jusque, et c'est autrement plus sérieux, à son désir de fonder une famille. Et quand vient l'heure des épousailles avec Monique, elle aussi rejetée par le groupe, personne n'est à ses côtés, pas même sa mère, pour prendre part dans l'église de Tresques à la cérémonie présidée par le tonton Henri.

Celui qui écrit ces lignes en est encore tout effondré. Il sait bien aujourd'hui tout ce qui s'est joué autour de ces deux vies d'aveugles. Au moment où se produit la césure irrémédiable, celui qui écrit a pris son envol avec aisance et construit, presque serein, son propre avenir. Au seuil de mes vingt-cinq ans, j'aurais dû être au côté de celui qui cherchait à accomplir son désir. Ses choix ne convenaient pas à la famille, que diable. Il avait si bien révélé sa capacité à s'assumer. Notre devoir, mon devoir, était de l'accompagner sur le chemin choisi. Pourquoi alors avoir décidé d'être au Mas au côté de la mère et non avec lui dans l'église de Tresques ? Celui qui a quitté le cercle ne se reconnaît pas encore le droit de le briser.

Il se souvient maintenant. Soir d'octobre à Montpellier. Le téléphone sonne, Pierrot au bout du fil :

« Jacquot est en réanimation à Saint-Éloi. » Choc terrible. Le jeune étudiant se précipite à l'hôpital. L'aumônier l'accueille, tout est fini. L'homme d'Église remet à l'étudiant l'alliance de celui qui s'en est allé. Moment effroyable que de recevoir cet anneau que l'on avait refusé de voir.

Je suis dans l'ambulance qui me ramène à Nîmes, Jean un ami m'accompagne. Le corps de Jacquot recouvert d'un drap blanc est à côté de moi, je suis détruit par les larmes.

Dans sa maison, Monique, son épouse, qui est enceinte, reçoit son mari mort. Ma mère, Jeannot et Didile sont là. La mère, aidée de sa fille, habille son fils pour la dernière fois puis dit la prière.

Jacquot n'est plus, de quoi est-il mort ?

C'est peu de dire que le surgissement de la cécité de Pierrot au sein de notre famille vigneronne a bouleversé le cours de sa vie. On attendait des bras pour la vigne et l'on n'a pas su, pas pu voir que l'enfant sans vue pouvait être richesse. Au lieu d'ouvrir les yeux vers l'autre chemin sur lequel on pouvait s'engager, l'engager, on s'est replié sur ce qui paraissait l'unique ouverture, rendre la vue. Et lorsque l'évidence de la nuit s'est imposée, il était trop tard pour infléchir le cours des choses, pour ouvrir à l'aîné sa propre voie et faire en sorte qu'il devienne lui. Alors, on a fait cercle, on s'est serrés tels les derniers carrés de la Garde et malheur à qui veut rompre les rangs. On a mis tout cela dans le bel écrin du Mas et l'on a cru, ou feint de croire, qu'ainsi on surmonterait l'épreuve et qu'on serait heureux.

Mais quels sont les choix réels de l'Homme lorsqu'il ne sait pas et lorsque les temps sont si défavorables à une réflexion éclairée ? L'arrivée de deux autres enfants aveugles a compliqué les choses. Il fallait se serrer les coudes pour assumer tout cela et ça coûtait ! Le fardeau a été lourd pour les parents, les trois frères et la sœur voyants ; et que de sacrifices…

Une photo prise sur le vif dans les rues de Bagnols. On y voit six garçons qui déambulent joyeux, Jeannot au bras duquel Pierrot est solidement arrimé, Riri qui conduit Jacquot, et Bernard qui guide le petit frère.

L'étrangeté du cliché éclaire le paradoxe de notre famille. Son sens de l'accueil et de la fête est connu, légendaire même. Et pourtant elle n'a jamais su faire de son cercle intime un lieu vivant où l'on rentre et d'où l'on sort suivant les appels du désir. Le poids était-il trop lourd ?

Celui qui écrit et qui, malgré les entraves, a tant reçu de tous ceux-là, aimerait que son récit fasse sens.

La cécité n'est pas toujours où on l'attend.

LA VIGNE

Après le formidable coucou du réveil, une question vient à l'enfant : « Où est papa, où sont mes frères ? »

La réponse est presque toujours la même : « À la vigne, Vincent. »

La vigne. Elle se pare chaque jour de noms qui parlent à l'enfant : la Pointue, le Carré du Milieu, les Vieux Carignans, la Narse, la Grand-Pièce, la Mirabelle, le Crouzet… Ces noms sont autant de promenades avec ma mère, Didile ou au bras de ma mamet Marie. Quand il grandit, l'enfant, ce sont ses escapades qui lui offrent de retrouver, au mitan de la matinée, Jeannot et Riri tout en sueur derrière les charrues que tirent Sultan et Caïd et qu'il faut solidement tenir dans le frais labouré. Alors l'enfant marche avec joie dans la terre meuble tout juste retournée et aime, comme les grands, poser ses mains sur le lourd cadre d'acier qu'il s'imagine tenir et dompter.

La vigne, on en parle tous les jours. L'hiver c'est le temps de la taille. L'enfant attend les hommes. À midi sonné, ils entrent pour dîner. Tout le matin, le mistral les a battus de ses bourrasques répétées. « Vincent, qu'il fait froid, regarde. » Ils embrassent l'enfant heureux de leurs baisers d'hommes, gelés, mais si tendres. Et tout le monde passe à table, le fricot d'herbes de mamet Marie réchauffe et ragaillardit les tailleurs.

Au printemps, les bruits des appareils de traitement le réveillent. Là-bas, dans les Grenaches Blancs, le ronronnement du ventilateur de la soufreuse gémit doucement. Près du lavoir, on entend le cliquetis de la pompe qui emplit la sulfateuse de bouillie bordelaise. L'enfant guette le pas lent du cheval qui tire l'appareil. Bientôt, les jeunes pampres de la vigne en fleur seront teintés de bleu. Souffre et sulfate de cuivre chargent l'air de leurs odeurs fortes que les premières chaleurs diffusent alentour. L'enfant les

respire sur la peau des vignerons ou tout au long des chemins où l'emmènent ses promenades solitaires. Ces bruits, ces volutes odorantes le guident, il s'y repère.

L'été, c'est l'apaisement, presque le repos. « Le Bon Dieu fait le vin », comme on dit dans le pays. Le papet Justin défend que l'on reste dans les vignes les dix heures venues et pas question d'y remettre les pieds avant que les cinq heures du soir ne sonnent à la grande horloge qui dicte le temps. Il ne faudrait pas brûler d'un geste malheureux les jeunes raisins. Alors, on se contente d'arracher les mauvaises herbes avec la pique, on effectue les derniers traitements pour la feuille ; et l'on attend. Parfois, le grondement d'un orage qui menace sur la traverse plonge le Mas dans l'angoisse. La grêle, si elle ruinait le travail de tout l'an ! L'averse venue, on respire.

Puis viennent l'automne et le temps des vendanges. C'est là qu'on fait les comptes et que les visages s'éclairent ou se ferment. L'enfant parmi les hommes ne voit pas ; avec eux, il ressent. Les vendanges, abondantes ou pauvres sont une fête et quand il s'agit de découvrir le vin nouveau, accompagné des premières châtaignes, les cœurs débordent de joie. Puis revient l'hiver et l'on est déjà dans le demain.

La vigne, c'est comme au théâtre où l'on discute, palabre ; on s'enthousiasme, on désespère, on fait des projets, parfois on pleure. L'enfant entend des mots, des noms, *appellation d'origine contrôlée*, *Côtes-du-rhône vin du soleil*. On fait de notre devise des autocollants que l'on placarde partout, même sur les voitures. Il voit des hommes s'enfermer dans le bureau avec le père. Le soir, ils se retrouvent pour débattre d'une grande affaire : une cave coopérative intercommunale. Louis, André, Edmond, Henri et d'autres discutent jusqu'à tard. Parfois, un homme important venu d'Avignon se joint à eux. Il soupe avec nous et on le traite avec déférence, c'est un expert, Monsieur Charnais. On parle moins fort dans la maison et Pierrot baisse un peu la radio. Quand ils partent, l'enfant dort depuis longtemps.

Le papet a planté. Le père développe et voit loin, trop loin peut-être pour ses fils si attachés à l'œuvre du grand-père.

Le père sait que la vigne d'hier ne sera point celle de demain. Le temps où l'on produisait ces grandes quantités de vin qui engorgeaient les cuves jusqu'à la gueule est révolu.

Le père lit et s'informe. Il sait qu'une autre période s'ouvre et que seule la qualité peut sauver les vignerons.

La qualité, les hommes du Mas savent faire. Elle ne tombe pas du ciel. Elle est le fruit du compagnonnage séculaire entre les hommes, les plantes et la terre. Le papet a reçu, il le donne. De grands millésimes comme autant de dates historiques en attestent : 1954, 1957, 1961, 1978, 1985, 1998… et bien d'autres. Très tôt, l'enfant a eu le droit de taster quelques gouttes du délicieux breuvage. Un soir où la famille rassemblée autour de la table dégustait un bon vin, un château quelque chose, l'enfant s'exclame :

« Moi aussi, je veux du château… » Le père s'interpose :

« Toi, tu auras du château-la-Pompe ! » et l'enfant de rétorquer :

« Moi, je veux du château du tonneau ! » L'enfant devenu grand n'est pas peu fier de sa réplique qui l'intronisa au sein des glorieux taste-vin.

Mais point ne suffit de savoir faire, encore faut-il savoir vendre et vendre directement. Le père se désole des grosses citernes qui viennent pomper le vin de la cave payé à vil prix. C'est la raison d'être de la cave intercommunale : produire peu, mais bon.

Un plan qualité est élaboré autour du projet coopératif ; la tradition résiste. Le père est contesté dans sa propre famille, moqué parfois. On est si bien au Mas fondé par le papet, pourquoi aller mélanger son vin à celui des autres ?

La vigne peine et les vignerons avec. Adulte, l'homme se souvient des jours de colère où l'on barrait la nationale 86. Il se revoit au milieu des tracteurs agglutinés au carrefour des quatre chemins. Il les a rejoints avec les femmes, venues ravitailler les manifestants qui ne lèveront pas le barrage de sitôt. Les hommes sont furieux, déterminés à ne pas capituler. « Ils peuvent venir, les poulets, on va leur montrer de quel bois on se chauffe, nous. S'ils croient déloger nos tracteurs avec leurs petites matraques, faudra qu'ils y mettent du cœur. »

Devenu étudiant à Montpellier, il se mêle au défilé vigneron et joint sa voix à celle de ses frères. Les discours terminés, il lui faut s'écarter. Telle une force antique qui jette ses plus beaux feux au crépuscule, le peuple vigneron s'ébranle. Il s'agit de quitter le Peyrou, de descendre la rue Foch et de prendre la Préfecture, l'édifice du pouvoir. Alors, telle une mêlée de rugby victorieuse, les hommes de la terre enfoncent les cordons de CRS, rien n'arrête la fureur paysanne qui défend son simple droit à la vie du haut de sa langue : *volem viuvre al pais*. L'étudiant, qui s'est éloigné, écoute ; ça le retourne en son dedans. Est-il toujours de leur monde, lui qui fait de la vigne, de ses épreuves, de son histoire son objet d'étude ? Ce soir, avec ses amis de l'Université, il ira chanter à la cathédrale Saint-Pierre, que l'évêque du lieu a ouverte aux grévistes de la faim.

Le père modernise l'outillage, les techniques de traitement, défriche. Le Mas s'endette. Le vin se vend mal. Pour autant, on ne fait pas le choix de la cave intercommunale, on la brocarde même. On ne se donne pas les moyens de valoriser la qualité que l'on produit. Pas un Michel, pas un neveu, pour se former aux techniques modernes de gestion et de commercialisation. Avec cela, il faut solder l'arrangement familial que le papet n'a pas pu ou pas su conclure en son temps. Les dettes s'alourdissent, s'accumulent.

Le père tombe malade, il n'est plus l'homme capable de déplacer les montagnes. Il meurt précocement alors que l'enfant devenu lycéen passe son baccalauréat.

26 juin 1971. Je suis dans la voiture de parents proches. Elle descend le long chemin du Mas qui mène à la route et serpente au milieu des vignes. Devant, le corbillard emporte le cercueil du père. Quelque chose en moi se déchire, un monde va vers son écroulement. Le défi de la modernité suggéré par le père n'est pas relevé. Les hommes du Mas, merveilleux de talent pour élever des vins magnifiques, n'ont pas su s'arracher à l'immobilité. Seul Jeannot aurait pu donner l'impulsion, mais l'Algérie l'avait abîmé et la mort vint tôt le cueillir.

Jean-Pierre, le Nantais qui épousa Didile, s'y essaya bien. Fut-il vraiment reconnu pour porter les affaires du clan ?

Chute inexorable du Mas et de tant d'autres, elle n'est pas pour rien dans le choix fait par le petit dernier, devenu étudiant, de consacrer son doctorat d'histoire à la question économique de la viticulture languedocienne et à la problématique de la mise en marché. Mais étudier est une chose, prendre les affaires en main en est une autre. Il ne franchit pas le Rubicon et ne se risque pas à devenir acteur.

Aujourd'hui, la Pointue, le Carré du Milieu, les Vieux Carignans, la Narse, la Mirabelle, la Grand-Pièce, le Crouzet n'appartiennent plus aux vignerons courageux. Les Michel sont morts. Le marchand qui savait si bien vendre à bon prix ses produits agricoles a fait fortune. Il a tout emporté, tout raflé.

La vigne, elle, a bercé le petit garçon, animé l'adolescent et tourmenté l'adulte ; elle reste son rêve.

L'institution

LA RENTRÉE

C'est septembre, septembre 1958 et j'ai bientôt huit ans. La brume enveloppe le Mas. Le soleil s'est caché, il n'est pas là pour me dire au revoir. Aujourd'hui, c'est la rentrée, je pars pour Marseille.

Depuis quelques jours c'est l'effervescence. Avec ma mère, je prépare la valise, c'est que je ne rentrerai pas à la maison tous les soirs. Je ne reverrai le Mas qu'à Toussaint, c'est loin.

« Tu vois, me dit-elle, j'ai marqué tous tes vêtements d'un numéro, 340, le même que ton frère, mais pour toi, je l'ai souligné d'un trait rouge. » Et elle me fait toucher ce qu'elle range soigneusement : gilets, chemises, pantalons courts et longs, caleçons. « Quand nous arriverons à l'Institut, nous les confierons à la sœur lingère. Tous les samedis soir, elle mettra au pied de ton lit les vêtements dont tu auras besoin la semaine suivante. Toi, tu rangeras tes habits sales dans ce sac de toile que tu suspendras à l'arrière de ton lit, quand tu reviendras, je ferai la lessive. »

Ensemble, nous préparons aussi deux caissettes de bois. Dans la première, nous plaçons le nécessaire à chaussures.

Tous les vendredis soir, je devrai cirer mes souliers avec mes petits camarades.

« Tu vois, dit ma mère, ça, c'est la brosse pour enlever la poussière, ça le chiffon pour passer le cirage, puis, après un petit moment d'attente, cette autre brosse pour faire briller. » L'autre caissette contiendra quelques victuailles pour améliorer l'ordinaire, qui, paraît-il, n'est pas fameux. Je les partagerai avec mon frère Jacquot. Et maintenant il faut partir.

Je suis content d'entrer à l'école comme les enfants de mon âge. Lire de mieux en mieux, apprendre à écrire, jouer du piano et chanter en chœur m'enchante. J'embrasse toute la famille rassemblée dans la cuisine, fais le tour des domestiques et grimpe dans la Frégate.

Jeannot est au volant, à côté de lui, mon père, à l'arrière, mon frère Jacquot et ma mère m'encadrent. La voiture descend le chemin qui file entre les vignes. Cette année, je ne goûterai pas au parfum des vendanges. Arrivés aux piliers qui marquent l'entrée du Mas, nous virons sur la gauche et prenons la route. Jeannot conduit vite et me raconte des blagues pour me faire passer le temps. Il sait combien je crains la voiture. Nous devons bien nous arrêter trois ou quatre fois en urgence. Tout le monde s'y met pour me distraire, les uns et les autres me racontent les villes et lieux traversés tout au long du voyage. Avignon et son pont où l'on danse, Sénas, Lambesc, Orgon et Plan d'Orgon…

Nous voici dans Aix-en-Provence. Ma mère me décrit avec soin les beaux bâtiments de pierre, les fontaines joliment fleuries, les boutiques aux devantures richement garnies. Cette cité provençale lui plaît. Puis tout s'accélère. Nous entrons sur l'autoroute. Jeannot m'explique :

« Tu vois, ici, nous allons tous dans le même sens. Aucune voiture ne vient face à nous et nous pouvons aller en toute liberté. » Il appuie sur le champignon, comme il dit, la Frégate vibre, 140 à l'heure. Quel plaisir, j'en profite.

Puis tout à coup, voilà Marseille. Quel brouhaha, des voitures partout, des coups de klaxon incessants, les gens crient, on freine, on repart. Nous nous engageons dans la rue de la République où les feux rouges nous arrêtent à six reprises. Puis vient Andoume, le Vieux-Port et la Corderie. Soudain la route grimpe, on se sent comme basculé en arrière, c'est la rue des Lices, la Frégate pourtant puissante peine à avancer.

Au bout, la rue Abbé DASSY.

J'ouvre la portière, ma mère m'aide à descendre :

« Fais attention Vincent, ici il y a beaucoup de voitures qui passent. »

Nous sommes arrivés. Quel charivari, du bruit partout, une rumeur immense monte de la ville et nous enveloppe. Des sirènes de voitures de pompiers ou de police, des bruits bizarres et métalliques, on me dit que ce sont des marteaux-piqueurs ! Tout à coup un mugissement grave monte jusqu'à nous, ça fait peur cette voix. « Ah ! C'est le Sidi Ferruch qui entre au port » me dit Jacquot. C'est la première fois que j'entends le chant des bateaux. Nous sortons les valises et nous voici au pied des hautes murailles de l'Institut des Jeunes Sourds et Jeunes Aveugles de Marseille. Quelques marches face à nous, quatre gravies sur la droite, puis quatre sur la gauche et l'impressionnante porte en bois massif nous arrête. Jeannot me propose d'appuyer sur le bouton de la sonnette, le grésillement de l'ouvre-porte se fait entendre, nous poussons, le lourd battant s'ouvre et nous fait passage.

Un escalier monumental se dresse devant nos pas, c'est impressionnant. Nous gravissons ces marches et débouchons dans la conciergerie. Monsieur René nous accueille. Il s'adresse plus particulièrement à Jacquot qu'il retrouve avec plaisir. Une tape sur mon épaule :

« Bonjour petit, tu seras bien ici. » Puis à mes parents :

« Entrez dans le petit parloir, je préviens le Frère Directeur de votre arrivée. » Je suis impressionné, je vais rencontrer le Frère Jean-Sébastien qui dirige tout l'Institut.

En l'attendant, Jacquot se penche à mon oreille :

« C'est simple, Vincent, ce grand bâtiment. On accède à tous les étages par deux volées d'escaliers de douze marches. Les étages sont reliés par de longs couloirs sombres, mais on peut aussi aller par l'extérieur en passant sous de hauts préaux. » C'est vrai, je ne m'y perdrai jamais, dans cette forteresse. Mais chut, un bruit de grande toile qu'on agite, comme un immense froufrou, la porte s'ouvre et le Directeur entre dans la pièce.

Il salue mes parents avec déférence, serre la main de mon frère et m'embrasse chaleureusement. Sa soutane noire exhale une forte odeur de tabac, Jean-Sébastien fume la pipe. Il est gentil, ce frère musicien, et son petit zozotement me fait sourire. Ma mère précise les choses matérielles, mon père parle argent, tout semble aller bien et il nous quitte, nous grimpons vers le dortoir.

Nous passons par l'extérieur, escaladons les 48 marches et pénétrons dans l'immense pièce presque carrée, bien éclairée par quatre belles fenêtres. Jacquot m'explique : « Nous sommes 42 à dormir ici tous les soirs. Les lits sont disposés sur quatre rangées, les deux premières pour les plus petits, les deux suivantes pour les moyens et les grands. Tu seras sur la deuxième rangée, le sixième depuis l'entrée. » C'est un simple lit en fer, plus haut que celui du Mas. Le matelas ne semble pas très moelleux et je sens les ressorts sous la pulpe de l'index. Sur l'arrière, une barre de fer est fixée à l'horizontale, c'est là que je déposerai ma serviette de toilette et mon gant.

Jacquot reprend :

« Tu vois, ici, à l'entrée, les deux premières portes, ce sont les cabinets turcs, pas de cuvette, il y a une chasse d'eau. Puis, dans le prolongement, la cellule du Frère Henri, le chef de quartier. L'autre porte, toujours à la suite, c'est la pièce des lavabos. » Et il me fait découvrir de mes mains le vaste bac en faïence et son alignement de douze robinets, que de l'eau froide, bien entendu. C'est là que chaque matin nous viendrons nous débarbouiller. Dans la même pièce, une immense penderie où l'on suspend les vêtements du dimanche et où l'on entrepose, au bas, les nécessaires à chaussures. C'est grand tout ça.

Vient le moment de faire mon lit. Ma mère sort les beaux draps blancs brodés de la valise et, avec douceur, me fait faire les gestes que je devrai bientôt répéter. Demain, pour la première fois, je le ferai tout seul. Puis, nous filons à la lingerie, juste en face du dortoir, chez sœur Marie-Rose, pour lui confier mon trousseau. J'ai du mal à la comprendre et pourtant je m'amuse à la faire parler. Elle dit : « *Tu sais, che suis à la fois la linchère et l'infirmière. Si tu as un popo, tu fiendras me foir.* » Jacquot me glisse à l'oreille : « C'est la seule femme de la maison, avec Marie-Claude, la revêche, la cuisinière, celle-là tu ne la verras jamais. » Devant mon sourire, sœur Marie-Rose reprend : « C'est comme ça que l'on parle dans mon pays, l'Alsace, c'est loin d'ici et il y fait très froid. »

Tout est en ordre, vient le moment de se séparer. J'embrasse tendrement mes parents, Jeannot me prend dans ses bras et me serre fort, très fort. Il m'encourage, mais je sens bien qu'au fond de lui, quelque chose se déchire. Ce soir, de retour au Mas, il ne soupe pas avec les autres. Avant de monter se coucher, il lâche :

« Je viens de passer la plus mauvaise journée de ma vie. »

Les parents partis, je reste seul avec Jacquot. Il me fait la visite de l'ensemble de l'Institut. Les cabines de pianos, les salles de classe, la grande salle d'étude, il met mes mains sur le meuble où l'on range les violons et sur les vastes bibliothèques emplies de livres et documents en braille. Nous descendons à l'immense réfectoire et rangeons soigneusement dans le grand placard du fond la caissette à provisions. Quand j'aurai faim, je viendrai y chercher chocolat, *alsacakes* ou y découper une bonne rondelle du saucisson de mamet. Voilà la cour, son préau, ses cinq toilettes turques, sans chasse d'eau, celles-là. Je rencontre mes tout premiers camarades, Yves, Jean-Claude, Serge, Jean-Jacques. Jacquot retrouve quelques-uns des siens, Gilbert, Alain et Raoul le virtuose.

Le soir tombe. Une sonnerie se fait entendre. Il est l'heure d'aller au réfectoire pour le souper. Nous sommes debout pour la prière et restons en silence une partie du repas. Une soupe bizarre, des nouilles, je ne sais plus quel dessert. Je mange peu, c'est pas bon.

Passage par la salle d'étude pour la prière du soir et montée au dortoir.

Je me déshabille et me glisse dans le lit fait par maman. Les draps sentent la frigoule et les autres herbes du jardin où le soleil les a séchés. Une vague tristesse m'envahit. Où suis-je ?

LA LEÇON DE PIANO

Quelques coups frappés dans les mains :
« Au nom du Père, du Fils et du Saint-Esprit. »
C'est ainsi que commence, à 6 h 45 du matin, ma première journée d'écolier.

J'émerge des brumes de la nuit. Je n'ai pas très bien dormi. J'ai longtemps scruté comme j'ai pu les quelques signes lumineux du dortoir. La lumière de la cellule du Frère Roland, qui dort près de nous ; la petite veilleuse fixée au-dessus des toilettes. J'ai écouté tous les bruits insolites, les camarades qui bougent dans leur nuit, le léger ronflement des uns ou des autres. J'ai guetté la rumeur de la ville, elle s'insinue au travers des fenêtres closes, pas de chant d'oiseau ici. Sur le matin, j'ai été réveillé par le son du gros bourdon de Notre-Dame de la Garde. Bonne Mère, veillez sur moi. Le dortoir s'éclaire, je sors de mon lit, un passage par les toilettes. Il faut faire attention où l'on met les pieds dans ces toilettes turques, très pratique pour des enfants aveugles ! Une visite au lavabo où je me débarbouille, puis je m'habille tout seul, comme un grand. Aujourd'hui, pas d'eau de fleur d'oranger, ma vie change.

Ce matin, nous ne passons pas par la salle d'étude, mais filons vers la chapelle pour la messe de rentrée. La musique est belle, le jeu de l'orgue est magnifique et entendre chanter si bien donne une vraie petite joie.

À la sortie, c'est le réfectoire pour le déjeuner. Une grande louche de café au lait que l'on vide dans mon assiette, un morceau de saucisson sans goût qu'on y jette presque en même temps, du pain pas très frais ; heureusement, il y a la caissette. Une courte récréation sur la cour puis quelques coups de sifflet, il faut *prendre ses dispositions* et se mettre en rang pour entrer en classe.

Yves, tout juste à côté de moi, me glisse à l'oreille : « Chaque fois que ça sonne, on change de classe. On passe toujours par la salle d'étude où l'on récite un « Je vous salue Marie. » Ça en fait douze par jour, en plus de la prière du matin et du soir. Je t'ai beaucoup priée, ma Bonne Mère, et souvent du fond du cœur, d'un cœur déchiré, blessé, désespéré.

Ma vie d'écolier me conduit vers ma première leçon de piano. C'est encore Yves qui me guide vers ma cabine, le Frère Henri nous a indiqué le numéro, la 6, facile à retenir, c'est comme mon lit au dortoir. J'entre dans la pièce bien éclairée par la fenêtre qui donne sur la cour. Sur la gauche, le piano ; devant, le solide tabouret de bois ; sous le piano, un petit tabouret pour les pieds, je ne suis pas très grand. À la base de la fenêtre, deux gros tuyaux circulent, aussi gros que ceux de la cave du Mas. Mais pas de vin ici ; l'hiver, ils apporteront la chaleur du chauffage central, encore une découverte, moi qui suis habitué au fourneau à bois.

Monsieur Macé arrive, c'est mon professeur. Il sent un peu le café au lait du matin. Il me salue gentiment, m'invite à m'asseoir sur le tabouret et vérifie que je suis bien en place. Il est aveugle comme moi. Il s'assure de ma position face au piano par des gestes délicats. Il m'explique comment je devrai m'installer quand je serai tout seul, me fait faire de grands gestes avec les bras et m'indique, de manière très précise, comment poser les mains sur le clavier. « Tu vois, Vincent, pour bien jouer de cet instrument, il faut avoir une bonne technique, et elle passe par tout ton corps, la souplesse, la bonne position des mains et le maintien, des pieds à la tête. Nous referons chaque jour ces gestes. » J'écoute, je fais comme il me dit, tout va bien.

Après tout ce temps passé dans la précision, le professeur me propose un premier exercice et m'invite à jouer mes premières notes. C'est le travail du jour et je dois répéter la consigne jusqu'à la prochaine leçon. Puis il me laisse et ferme la porte.

Je me retrouve seul devant mon piano et m'applique à répéter avec soin mon petit exercice. Dans le couloir qui longe les douze cabines, j'entends le pas de Monsieur Aubois, l'autre professeur de musique, qui circule et surveille les élèves tous au travail. Son pas régulier est reconnaissable à ses souliers ferrés qui claquent sur le carrelage. Je joue mes quelques notes, cinq fois, dix fois et prête une grande attention aux consignes du professeur sur la manière de poser mes mains sur le clavier et de me tenir. Au bout de quelques minutes, je connais bien mon affaire. Je peux me divertir un peu. C'est pas difficile tout ça. Au Mas, avec ma mère qui a longtemps tenu l'harmonium de la paroisse, puis avec Jacquot, j'ai souvent joué quelques notes et refrains simplets, *Frère Jacques, au clair de la lune, à la claire fontaine...*

Je suis là, tranquille ; je joue les quelques notes apprises par le professeur et commence à m'amuser avec les airs que je connais déjà. Soudain la porte s'ouvre brutalement, Monsieur Macé entre furibard, il m'attrape et me secoue comme un prunier :

« Je t'ai donné un exercice, un seul, et tu dois le jouer tant que je ne t'en aurai pas donné un autre. » J'essaie timidement de lui glisser : « Mais Monsieur, je le connais parfaitement mon exercice et je veux bien vous le jouer pour en avoir un autre. » Sa fureur augmente :

« Comment, tu répliques, pour ta peine, tu feras cinq tours de cour à la prochaine récréation. »

Ainsi s'achève ma première leçon de piano et tombe sur le petit Vincent sa première punition.

L'ENFERMEMENT

Finie la liberté des chemins et des vignes, ici, ce sont murailles et discipline.

Ils sont six, six hommes dont cinq célibataires autour d'une tripotée de garçons. Pas une femme, sauf sœur Marie-Rose, l'infirmière-lingère, on l'aperçoit rarement ; Marie-Claude, la cuisinière, on ne la voit jamais.

En premier, le Frère Henri, Henri Magadur, le chef du quartier des aveugles. Le titre lui va bien.

C'est un rocher, une masse ensoutanée de noir ; c'est une force brute et sa rudesse m'effraie. Aucune tendresse chez l'homme de granit. Son mot favori : *tonnerre.* Quand je le croise, je crains toujours que la foudre me tombe sur la tête. Je sais qu'il est Breton et je provoque :

« Quand la Provence et la Bretagne se rencontrent, ça fait des flammes. » Et ça en fait des flammes, mais c'est moi qui prends, des torgnoles, comme il dit. Parfois, j'essaie de me défendre avec mes bras, mes poings de huit ans, mais le roc noir me submerge.

En second, il y a Roland. La voix calme, et presque serein, il peut, Roland, dire un mot gentil, donner une petite caresse qui encourage et faire voir à l'enfant ce qu'il ne sait pas encore faire. Auprès de lui, le petit trouve consolation.

Henri et Roland se partagent le temps auprès des enfants. Chacun sa semaine où il sera présent du lever au coucher. La semaine d'Henri, c'est la terreur. Ça commence par quelques coups violents frappés dans les mains pour réveiller le dortoir ; c'est brutal. Celle de Roland, c'est plus doux. Le réveil est plus délicat et l'énoncé du Signe de la Croix a quelque chose de tendre. Mais l'enfant sait, ses camarades aussi, c'est Henri qui commande et on ne peut pas aller trop loin en jouant Roland contre Henri. Roland ne le permettrait pas, il connaît le rude de l'autre.

En troisième vient Alexandre Macé, le professeur de piano. Le vieux célibataire à la voix claire, arpente du soir au matin les couloirs de l'Institut, entre chapelle et cabines de travail. Il vaque dans son monde, la musique. Seuls comptent pour lui effort, rigueur et résultats. C'est ce qu'il dit inlassablement à l'élève. Il est indifférent au désarroi du garçonnet et à son appel au jeu.

Henri Aubois, le quatrième, c'est autre chose. Il ne passe pas tout son temps entre les murs de l'Institut. Chaque soir, un peu après cinq heures, il s'en retourne tout seul vers son chez lui, au centre de Marseille, où sa vie d'homme marié l'attend. Il n'est pas plus tendre que les autres, ses manières un peu frustes ont de quoi surprendre. Une simple incartade, et un mot tombe de sa bouche : *cadenas*, et il faut garder le silence, un repas ou davantage, suivant la rigueur de la punition. Malgré cela, je l'aime bien, Monsieur Aubois, le professeur aveugle de solfège et d'accord de piano. Quelques paroles prononcées avec son bel accent béarnais, quelques gestes disent aux élèves qu'il se questionne, que tous ces gens enfermés dans un même lieu, ça ne lui dit rien de bon.

Ah, ah, ah, qu'il était beau le postillon de Longjumeau.

C'est l'air d'opérette favori du cinquième, Joseph Brocher, sa manière de nous dire d'où il vient, près de Paris. Il nous faire rire, avec son accent pointu, son gros ventre enserré dans la blouse qu'il ne quitte jamais et que maintient un gros ceinturon de cuir. Avec ses grosses lunettes, il a du mal pour surveiller l'étude ; il cherche en vain le garnement qui a fait exploser sous le pied de sa chaise un pétard en papier. À ce petit jeu, l'enfant n'est pas le dernier, mais quand Brocher punit, la sanction est toujours enlevée à la fin de l'étude. Professeur de mathématiques et de leçons de choses, *the fish*, comme on l'appelle pour se moquer, est comme perdu dans son monde. Si on devait le dessiner, il serait un gros bonhomme au milieu de fioles en tous genres, sur la tête, une cheminée qui fume.

Au-dessus de tout ça, il y a Jean-Sébastien, le Frère Directeur. Quand il surgit dans le couloir, c'est comme un grand souffle provoqué par le bruit de sa soutane qu'il agite, l'homme ne marche pas, il court ; ça s'entend et ça sent la pipe.

On le redoute, le *dirlo,* c'est le patron et c'est lui qui dicte la rude discipline. Quand il vient chaque mois annoncer solennellement les notes de chacun devant tous, et qu'il traite les élèves de sacripants, on ne rigole pas. Gare à celui qui ne décroche pas le fameux billet d'honneur, la sortie du mois vers la famille peut être supprimée, c'est l'angoisse. Mais on le respecte, le *crack*, on l'admire, on l'aimerait presque, c'est un fameux musicien. Quand il tient les grandes orgues et qu'il interprète les toccatas de Bach ou de Vidor, quand il fait déferler sur nous le *Grand Carillon* de Vierne, on est fasciné par sa virtuosité. Quand il joue avec tendresse les grands chorals de celui dont il a emprunté le nom pour entrer dans les ordres, on est bouleversé par la beauté des œuvres. Quand, le jeudi soir, il vient nous dispenser ses cours d'histoire de la musique, c'est un moment de bonheur. Si l'enfant entre de plain-pied dans le monde de Bach, Mozart, Beethoven et tant d'autres, le Maître n'y est pas pour rien.

À côté des six du quotidien, vient le septième, l'aumônier, le chanoine Mestre. Une voix douceâtre, des manières douteuses, l'enfant se méfie de *Monsieur l'Aumônier*. Il est l'autorité morale de l'Institut, c'est lui qui dit la messe et consacre le pain et le vin. C'est lui qui confesse et qui dit à l'enfant, aux élèves, le bien et le mal. Et le mal, c'est ce qui se passe dans le corps de l'enfant, qui le fait grandir et le fera homme, c'est le désir.

Monsieur l'Aumônier est obsédé par le sexe, *l'impureté*, comme il dit. La confesse est une séance de torture pour faire dire à l'enfant ce qu'il ne sait pas et lui faire cracher ce qu'il n'a pas commis. Les longs moments passés à genoux sur le prie-Dieu, à se faire masturber le cœur par l'aumônier, c'est atroce.

Ces six, ces sept hommes, composent la troupe d'un théâtre d'ombres, manipulent des vies d'où tout plaisir, toute douceur de vivre doivent disparaître.

Dans le cadre noir où s'écoule notre quotidien, il y a la nourriture, immonde, toujours servie dans la même assiette creuse. Le déjeuner y verse le café au lait et y précipite immédiatement saucisson ou pâté bizarres. Il y a la soupe, la même à midi et le soir et qui sent l'aigre à l'heure du souper. Les sempiternelles nouilles grasses, elles reviennent chaque soir, et à midi pendant le Carême et le temps de l'Avent. Il y a ces viandes immangeables, le *pâté d'âne* comme nous l'appelons et tous ces légumes qui, s'ils étaient sans goût, nous raviraient. C'est mauvais, c'est infâme. Parfois l'un d'entre nous restitue à son assiette ce qu'il vient tout juste d'ingurgiter à grand-peine. Heureusement, l'enfant dispose de la caissette où il puise un peu de réconfort. Quand elle sonne creux, il attend, un tantinet inquiet, le colis venu du Mas pour reconstituer les réserves.

C'est pas bon, et en plus, c'est sale cette maison.

Toujours au réfectoire, il y a le tiroir à vaisselle, chacun a le sien. On y glisse, après un lavage sommaire à l'eau froide et sans produit, fourchette, couteau, cuillère, grande et petite, verre et serviette. L'Institut ne fournit que la grande assiette creuse. Ces tiroirs où croupissent les ustensiles mal séchés et quelques résidus de victuailles, ça empeste.

Le pire est dans la cour, les fameuses toilettes turques, sans chasse d'eau. Un habitacle exigu, deux pavés pour mettre les pieds, derrière, un grand trou. On les lave deux fois par semaine, c'est tout. Ça pue, ça colle aux pieds, c'est plein de merde, les aveugles y pataugent.

L'enfant habitué au propret du Mas n'ose pas y mettre les pieds, il se remet à faire dans ses culottes.

Et avec ça, aucun jeu pour s'amuser vraiment dans cette cour balayée par le mistral. Quelques vieux pneus usagés et sales dans lesquels on tape comme dans un ballon, c'est maigre. Quelques-uns jouent aux cartes dans un coin, la majorité déambule de long en large, désœuvrée.

Plus de cinquante ans après ce vécu, l'homme, toujours traumatisé, se souvient.

On ne revient jamais intact des univers concentrationnaires.

LES SOUTANES NOIRES

Les soutanes noires. Ce qui le tourmente, l'enfant, c'est ce qu'elles disent à l'Institut ; et ce qu'elles font.

Pour lui, la soutane, c'est l'habit de l'homme de Dieu, celle du tonton Henri, le frère de la mère. Il vient souvent au Mas et pour lui, on fait fête. C'est celle que porte l'abbé Deloume, le jour où il le confesse pour la première fois, dans la belle église Saint-Jean-Baptiste de Bagnols. L'enfant se prépare à partir pour Lourdes, y faire sa Première Communion. Un moment délicieux. L'abbé, à la voix fluette, lui parle de Dieu qui nous aime, nous désire bons et regrette nos défauts du quotidien. Il parle et discute tendrement avec l'enfant qui peut dire. À la fin, aucune pénitence, pas de prière à réciter plusieurs fois. L'abbé Deloume prend l'enfant par la main et le conduit déguster une bonne glace dans l'une des meilleures pâtisseries de la ville. Il dit simplement à la vendeuse :

« Donnez deux boules de chocolat dans un cornet à ce gentil petit garçon. » L'entrée dans les choses de la foi avec Deloume, ça ne s'oublie pas.

À l'Institut, le climat est froid.

Les soutanes noires, au seuil de ses douze ans, il les voit déambuler le long de la cour, elles surveillent les élèves qui jouent ou essaient de se distraire. La récréation d'après le dîner, c'est l'heure où arrivent pour les enfants les lettres des parents ou des proches. Les soutanes noires sont là, elles lisent avec attention leurs missives. Lui, il bout, se révolte en son dedans, serre les poings.

Lors des dernières vacances, il est reparti du Mas dans l'angoisse, un événement qui le touche déchire la famille. Mais aujourd'hui, comment savoir, comment questionner Pierrot dans un courrier, sans que les soutanes noires pénètrent l'intime. Alors, une petite formule lui vient. Pierrot comprend et répond finement en reprenant la même formule. Mais au fond, la révolte est bien là.

Un dimanche soir, l'enfant n'y tient plus. Après l'étude pendant laquelle les élèves viennent de rédiger le courrier destiné aux familles, le frère Henri, après avoir soigneusement lu chaque écrit, demande à l'élève Vincent de porter toutes les lettres dans la boîte du Directeur, le Frère Jean-Sébastien. Alors, mû par une sainte colère, Vincent se saisit d'une agrafeuse, la glisse avec précaution dans la poche de sa blouse. Chemin faisant, il agrafe avec méthode tous les feuillets des lettres brailles et cachette, avec soin, les enveloppes qui contiennent les textes en noir. Arrivé à destination, il glisse le tout délicatement dans la boîte directoriale.

La réponse de l'autorité ne se fait pas attendre. Dès le lundi matin, vers dix heures, l'élève Vincent est convoqué chez le Directeur. Il sait bien pourquoi. Arrivé devant la porte, il frappe doucement. À l'invite de Jean-Sébastien, il entre dans le bureau. Il n'est pas fier sur ses jeunes jambes. Le Directeur ne le fait pas asseoir. Il questionne :

« Est-ce bien toi qui as déposé les lettres des élèves, hier soir ?

– Oui, cher Frère.

– Est-ce toi qui as agrafé les courriers en braille et cacheté les enveloppes ?

– Oui, cher Frère.

– Pourquoi as-tu fait cela ? »

Vincent sait ce qui se joue, il hésite un moment puis se lance :

« Je ne voulais pas que vous les lisiez. Ce sont nos lettres, pour nos parents, ce qu'on leur dit, ça ne vous regarde pas. »

La réplique est vigoureuse. L'enfant est sévèrement morigéné et puni.

Conclusion, une journée entière de silence, Vincent s'attendait à pire.

Les soutanes noires, ce qui le tourmente, c'est ce qu'elles disent et ce qu'elles font. La surveillance permanente, l'intrusion dans le plus intime des garçons, jusque dans les pantalons de pyjamas soigneusement inspectés au petit matin, pour y démasquer la moindre trace de sperme, fruit de la masturbation nocturne, solitaire ou collective. Et gare à qui se fait prendre, l'exclusion n'est pas loin. Mais que faire lorsque tout ce qui touche au désir est nié, placé sous la couche de cendre qui recouvre le péché.

Les soutanes noires, le cauchemar, c'est ce qu'elles disent, mais c'est surtout ce qu'elles font.

MONSIEUR BEETHOVEN

La vie va, âpre, conflictuelle. L'enfant qui grandit dans les murs n'accepte pas. Confrontation à ce qu'il ne veut pas être. La déchirure s'accentue. L'enfant avance en âge, ne grandit pas *en sagesse.* Il faut survivre. Il arrive que, quand il revient au Mas, le petit garçon simule la maladie pour retarder le retour à l'Institut. Ça marche. Il gagne de la sorte un petit mois de purgatoire. Se dire fatigué, frotter énergiquement le thermomètre contre le drap pour faire monter la température, il maîtrise, Vincent. Est-on dupe autour de lui ou a-t-on compris le trop dur ?

À l'école, on rapporte de lui qu'il ne fait pas effort.

Doué sans doute pour le piano, il avance à pas de tortue. La première leçon l'a-t-elle détourné ? L'orthographe l'ennuie. Il excelle en calcul, histoire et géographie, sciences naturelles ; là, sa belle mémoire lui vient en secours. Mais l'enfant se mure, se perd. Sa façon d'exister ? Braver les maîtres, leur lancer sa différence par l'insoumission. Un cercle infernal s'enclenche. L'enfant se replie, mange très peu, maigrit, on le croit sérieusement malade. On alerte le médecin de l'Institut, examens et radios sont prescrits.

Comment survivre ?

C'est dans la musique que Vincent trouve la première petite lumière qui ouvre un chemin d'espérance.

La musique, pas celle des exercices, du travail forcé. Ça, faire effort, il ne peut pas. Toute sa vigueur, il l'use contre l'autorité, contre les frères qui le défont. Alors, reste le chant choral. Ses dons lui viennent en aide. Une superbe voix de soprano, une virtuosité dans les mélodies difficiles, il est à son aise. À la chapelle comme dans les rencontres musicales, on le remarque. Un petit nid où se poser. Et puis, quelque chose se joue au-dedans de lui. La pureté des lignes grégoriennes qu'il chante avec ferveur, la beauté des chorals de Bach, tout cela ne serait-il que mensonge, n'y aurait-il dans le monde aucune parcelle de tendre ? L'enfant qui chante garde un fil d'espoir.

Les instants de répit ne suffisent pas à éclairer un horizon sombre où de lourds nuages s'entassent. Comment échapper à la folie qui guette, à l'irrémédiable déchirure qui peut faire basculer celui qui va vers l'adolescence... Les mots ne jouent pas leur rôle, le langage ne fait plus sens. Par le chant, l'enfant se parle et respire. Le soir, perdu dans le dortoir, c'est encore la musique qui lui prend la main.

C'est la nuit. Je suis seul dans mon lit. Le sommeil met du temps à venir, il sera agité. La journée, comme toutes les autres, a été difficile. Même avec mes camarades, les choses ne sont pas simples. Tristesse et découragement m'envahissent. C'est la jungle cette boutique. Avec ma peine, j'écoute.

Les grands élèves sont restés en bas, une heure de plus, à l'étude ou à l'instrument. Soudain elle vient à moi. Elle prend la forme d'une onde, un murmure frappe à mes oreilles, un rai de lumière m'envahit. La musique de Monsieur Beethoven que Raoul travaille au piano de la cabine 12 m'empoigne, me secoue. Elle est douleur et révolte, gouffre et lumière incandescente. Alors que tout s'endort, je suis transporté par les terribles accents de l'*Appassionata*, par l'irrésistible de son déferlement final. Viennent maintenant les interrogations lancinantes suggérées par les accords du deuxième mouvement de la *Waldstein* avant que la lumière du final n'envahisse tout l'espace, et m'emporte vers les songes.

Oui c'est bien à toi, mon cher Ludwig, toi le sourd, le révolté, le créateur, qui as sublimé dans ta musique le vertigineux des tempêtes affrontées, que je dois d'avoir survécu dans cet univers de tordus. Ta musique, qui dans la nuit montait vers moi, m'a dit, par le sensible des sons, que la lumière existe et résiste aux douleurs, aux désespérances. Toi qui as consacré ta vie à parler par la force des accords, l'enchantement des mélodies, l'enivrement du rythme, toi que l'oreille a trahi, tu n'as pas renoncé. Jusqu'au jour où l'orage final t'a emporté vers l'autre rive, tu t'es obstiné à nous parler par le langage que tu n'entendais plus. Ce langage sans mots, il m'a sauvé. Quand aujourd'hui le vent se fait rare dans les voiles, qu'il faut redonner souffle à la vie, c'est lui que j'écoute.

Depuis les heures noires où tu as été l'un des rares, mon cher Ludwig, à éclairer mon chemin, d'autres sont venus étancher ma soif d'écouter et d'entendre. Il y a d'abord Jean-Sébastien, votre père, lui dont les quatre lettres d'or, BACH, restent le socle, les fondations. Lui, c'est la structure, la beauté de la ligne qui, comme celles des cathédrales, s'élance vers le ciel et nous ouvre au sentiment d'éternité.

Il y a cet autre, *Wolfgang* Amadeus *Mozart,* l'*aimé de Dieu* comme le chante son deuxième prénom. Comment ne pas s'émerveiller devant la beauté de sa langue superbe et raffinée que j'imagine venue du Ciel, si celui-ci pouvait s'exprimer avec autant de clarté. Sa musique n'éveille pas en moi les mêmes élans que la tienne, mon cher Beethoven, mais quel génie, ce Mozart !

Enfin un clin d'œil, si je puis dire, à cet autre, musicien et poète, homme de la parole tendre ou gaillarde, de la mélodie radieuse, du rythme vigoureux, des accords surprenants.

Georges Brassens, l'enfant de Sète, me rejoint souvent grâce à sa voix qui respire la bonté. Il est l'un des compagnons qui ne se dérobent jamais, toujours là pour donner le coup de main, le coup de voix qui réconforte quand il est besoin. Georges Brassens et Ludwig van Beethoven ne m'ont jamais abandonné, grâce leur soit rendue.

La musique est ma compagne des jours de peine et de grand bonheur, que sa présence me soit éternelle.

LES POISSONNIÈRES DU VIEUX PORT

C'est dimanche ; la messe est dite. Avec quelques camarades on avale prestement le déjeuner ; pas de temps à perdre, aujourd'hui, c'est la sortie scoute.

On quitte le réfectoire pour rejoindre les deux jeunes chefs, Régis et Nicolas. On s'empare des musettes qui contiennent les casse-croûte du midi, et en route pour le Vieux-Port. Là, on prendra le trolleybus qui nous conduira vers les Trois Luc.

Quel plaisir de descendre la rue des Lices avec ces deux jeunes pleins d'entrain ; c'est comme si Jeannot et Riri surgissaient au pied de la Bonne Mère.

Malgré l'hiver, le soleil nous accompagne, le mistral aussi. Ils sont inséparables ces deux-là. L'air libre, ça fait du bien. Ça chasse tout d'un coup les torpeurs de l'enfermement, ça stimule, ça porte au songe.

On dépasse la Corderie. Soudain, voilà le Vieux-Port. Le vif du mistral précipite vers nous les embruns du large et toutes ses senteurs nous empoignent, quelle joie en pleine lumière ! Autour de nous, on se bouscule, on s'interpelle, les voix sonnent haut et chantent. Les étals de poissons, chargés de la pêche de la nuit, embaument. Ça donne faim ces odeurs-là !

« Oh les pichouns, vous êtes un peu pâlichons. Les bons frères ne vous font pas trop manger à ce qu'on voit ! Venez un peu ici. »

Ce sont les poissonnières du Vieux-Port. Elles nous appellent depuis leurs comptoirs chargés de fruits de mer, de crustacés, de poissons de toutes sortes. Et d'un geste maternel, elles ouvrent pour nous huîtres, moules, oursins, *bijus* et palourdes. Un vrai régal que la chaleur des voix aimantes de ces femmes transforme en un repas de fête. Combien en mangeons-nous ? Je ne sais pas, elles ne comptent pas, les Marseillaises, la Bonne Mère ne le permettrait pas, elles nous comblent. Elles nous font toucher ces bêtes mystérieuses que nos yeux ne voient pas et dont nous serions bien incapables d'imaginer les formes. Pour la première fois de ma vie, je prends à pleine main une magnifique langouste, la bête bouge dans mes bras et j'entends le craquement de ses articulations. Le régal achevé, elles nous embrassent. « Revenez bientôt ! » C'est leur façon de nous dire au revoir.

Toi, Poissonnière du Vieux-Port, tu m'as certainement oublié et moi, je ne me souviens plus de ton nom. Pourtant, je garde en moi le souvenir inoubliable des saveurs extraordinaires qui illuminaient nos dimanches quand, au détour d'une escapade, le hasard nous conduisait vers le Vieux-Port.

Toi Poissonnière, quand tu mourras, quand le croquemort t'emportera, qu'il te conduise à travers ciel, au Père éternel.

D'autres petites lumières se révélaient à nous certains autres dimanches. Elles prenaient le visage de deux petits vieux d'origine génoise, amis du tonton Henri.

Les dix heures sonnées, Monsieur René, le concierge, débouche dans la salle d'étude en criant : « Jacques et Vincent. » Nous lui emboîtons le pas jusqu'à la conciergerie. Ernest est là.

C'est un vieux Monsieur à la barbe abondante, soigneusement taillée et que j'ai le droit de caresser. Du bout de sa canne, il nous guide tout au long du chemin. Nous effleurons le Vieux-Port puis traversons le quartier d'Andoume, ainsi jusqu'à la rue Sainte. Là, au numéro 26, nous n'avons plus qu'à grimper les 84 marches pour atteindre le quatrième étage. Nous les escaladons avec allégresse et Ernest, malgré ses quatre-vingts ans ne traîne pas en route.

Là-haut, dans le petit appartement, Rose nous attend. À l'ouverture de la porte, l'odeur alléchante de la cuisine nous accueille, en même temps que la tendresse de la vieille grand-mère sans enfant. Ah ! Rose, tes bons repas du dimanche, tes gnocchis et autres pâtes italiennes avec leur sauce tomate aux mille arômes. Et ta bouillabaisse composée des poissons sortis de la mer cette nuit-même ! Quel régal, quel réconfort !

La gentillesse des femmes du Vieux-Port, la tendresse de deux petits vieux, il suffit parfois de peu de chose pour parvenir à résister. Mais ce peu était énorme, il a tenu allumée la petite flamme.

LE PÈRE CÔTE

Et Dieu dans tout ça ?

Il est l'invisible, pourtant l'omniprésent. Dès le saut du lit, il nous empoigne avec le signe de la Croix, ne nous lâche plus avec la prière dès notre arrivée dans la salle d'étude et, à chaque entrée ou sortie de classe, une salutation à Marie. Pour finir, la prière du soir, elle précède le coucher.

Le jeudi et le dimanche, c'est plus intense. Tout commence par la messe et finit par le salut du Saint-Sacrement. Messe et salut reviennent presque chaque jour à l'occasion des grands temps liturgiques, bref, Dieu est toujours là.

Et par-dessus le marché, le catéchisme, affaire de l'aumônier, tout comme la confesse obligatoire tous les quinze jours. Pour avoir dépassé la date limite, l'enfant est renvoyé un beau matin et sans ménagement de son service d'enfant de chœur. Il se retrouve à l'étude, penaud, au milieu de ses petits camarades un peu goguenards. On ne rigole pas ici avec la discipline religieuse.

Le Dieu dont on nous rebat les oreilles n'a rien de très sympathique. Il n'est pas celui de l'abbé Deloume et de sa glace au chocolat ni celui d'amour dont me parlait ma mère le soir, tout en bordant mon petit lit. Il punit, réprime, et se préoccupe surtout du zizi. L'aumônier est très *porté sur la chose*. À confesse, nous passons un sale quart d'heure. Il veut nous faire avouer ce qu'on a du mal à dire. Le plaisir du corps, voilà l'ennemi qui conduit tout droit en Enfer. Nos bouleversements physiologiques, l'éveil du désir, notre attirance pour les filles, pas question d'en parler. À croire que les premiers mots de la Genèse, *homme et femme il les créa* ou encore *croissez et multipliez-vous*, ont été oubliés ou que, tout simplement, la création ne procède que du Saint-Esprit. Comment aimer ce Dieu qui tourmente, nous fait pleurer par le truchement de ceux qui prétendent nous l'annoncer ?

L'enfant est perturbé, le jeune tourmenté, l'adulte garde les traces.

Bien sûr, il y a la musique et celle des cérémonies religieuses est magnifique et invite à l'élévation. La beauté peut-elle faire oublier tout le reste ?

Dans la vie du jeune catholique vient, vers l'âge de douze ans, l'étape décisive de la Communion solennelle, de la Profession de Foi. L'adolescent naissant va faire sien l'engagement pris par ses parents au jour de son baptême. Un tournant important. Deux ou trois jours de retraite précèdent le renouvellement de ses promesses. On réfléchit, on lit des textes, il faut être prêt pour le grand jour.

Pour mes camarades et pour moi, ce sera le dimanche 13 mai 1962 en présence des nôtres. Depuis le jeudi matin, les cours sont suspendus, le rythme de vie allégé. Le lundi qui suivra sera jour de congé. On a vraiment envie de la faire, cette Communion solennelle.

Cette année-là, l'Esprit Saint avait dû souffler un peu plus fort qu'à l'ordinaire sur l'Institut. Contrairement aux habitudes, le temps de récollection allait être animé par un prêtre aveugle, le Père Côte, et non par l'aumônier. Le Père Côte vient de Lyon. Là-bas, il se fait l'âme de rassemblements de jeunes handicapés, dans un beau lieu des monts du Pilat. Ceux d'entre nous qui ont séjourné à la colonie des Grillons évoquent encore avec enthousiasme les moments partagés. L'homme a une bonne voix, franche et douce. Cette tendresse attire à lui, même ceux qui ne croient pas, on le respecte pour ce qu'il fait, pour ce qu'il est.

Pour nous préparer à notre Profession de Foi, le Père Côte choisit de nous faire travailler la parabole dite de *l'enfant prodigue. (Luc : XV, 1 à 32)*

Dans l'Écriture, la parabole est un récit allégorique, pour toutes les oreilles. Il fait jaillir, chez les petits et les grands, une conscience nouvelle des choses et du temps. Il permet de relire, avec des yeux tout neufs, les scènes de la vie quotidienne et de leur restituer leur profondeur humaine.

Le récit de Luc fait vivre, de façon simple, l'attente par le père du retour de son fils.

Tout au long des jours de retraite, se révèle à moi un Dieu aux antipodes de celui proposé par les frères de Saint-Gabriel et de l'aumônier. Le Dieu révélé dans la parabole s'incarne dans la figure du père, d'un père surprenant.

« Comprenez-vous les enfants ce que nous dit Jésus dans cette petite histoire qu'il raconte aux foules venues l'écouter et que nous rapporte l'Évangéliste ? Un père voit partir son fils qui ne veut plus travailler et qui lui demande l'argent qui lui revient dans sa part d'héritage. Il n'est pas très heureux, ce père, mais il laisse son fils vivre sa vie. Celui-ci part, dépense sa fortune dans une vie de débauche et, quand il a tout dilapidé en boissons, en ripailles avec des filles qu'il n'aime pas et dont il profite, il se rend compte qu'il n'a plus rien, alors que chez son père, c'est toujours l'abondance ; alors, il revient. Et que doit faire le père ? »

Nous, on se dit que le père doit prendre une belle colère et renvoyer son fils.

« Eh bien, c'est pas comme vous pensez. Le père court au-devant de lui, se jette à son cou et prépare une grande fête pour célébrer son retour. Ce père, c'est l'image de Dieu que veut nous donner Jésus, un Dieu qui ne rejette jamais celui qui revient, qui fait plus encore, puisqu'il s'élance vers celui qui surgit au bout du chemin. »

Nous, on ne comprend plus très bien. On chuchote dans la cour à la récréation. « Mais l'aumônier, ce jeune blanc-bec, il l'aurait voué aux gémonies, envoyé directement en Enfer »

L'enseignement du Père Côte autour du texte de Luc, voilà ma première révélation dans ma vie de jeune croyant. Celui en qui je mets ma foi n'est pas un Dieu vengeur, sévère, répressif, qui juge et condamne. C'est un Dieu incarné en la personne de Jésus, un homme qui a enseigné les foules, a rencontré les femmes et les hommes de son temps, les a aimés tels qu'ils étaient, les a guéris et soutenus.

Les jours de retraite ne consistent pas seulement à commenter les textes. Le père Côte propose de mettre sous nos doigts, dans nos mains, des objets que les autres peuvent voir, mais que les règles ecclésiastiques interdisent de toucher. Il nous conduit à la chapelle et nous fait palper avec délicatesse les vases sacrés, ciboire et calice, et nous fait parcourir de la pulpe de l'index les fines sculptures qui ornent le tabernacle. Il brise pour nous l'interdiction et rend au toucher les mêmes droits qu'à la vue.

C'est guidé par cette rencontre que, le dimanche 13 mai, je prononce dans la joie les paroles du renouvellement de l'engagement baptismal. Les jours partagés avec le Père Côte inaugurent mon désir de connaître la religion à laquelle mes parents sont attachés et la foi que celles et ceux que j'aime portent en leur cœur.

Depuis, mon cheminement spirituel est affaire de rencontres avec des femmes, avec des hommes, témoins de la parole évangélique faite acte.

Le Père Côte, dans la nuit de l'Institut, a allumé la petite lumière qui ne s'éteint pas.

LA RUPTURE

Le temps passe, inexorable. La jolie voix de soprano s'en est allée, une voix de ténor mal assurée prend la place ; un fin duvet orne des joues amaigries. Bientôt quinze ans.

À la veille de ses quatorze, il a, en bon écolier de la République, passé et réussi son Certificat d'Études primaires. Il s'est mobilisé pour la circonstance, façon de dire qu'il n'est pas le nul et le fainéant dépeint par les frères de l'Institut. Son premier succès ne suffit pas à masquer tout le reste.

Le reste, c'est la rupture irrémédiable entre l'adolescent et le monde qui l'entoure dans les murs. Ici, aucune probité et l'amour qui sauve, on ne sait pas ce que c'est.

À la rentrée 1964, l'agitation se généralise. Le frère Jean-Sébastien quitte la direction de l'Institut et Roland part avec lui pour Bordeaux. Si l'ordinaire des repas s'améliore, les rapports humains se dégradent.

Le frère Stéphane se révèle plus raide que son prédécesseur et le talent musical n'est pas là pour donner le change. Un petit nouveau, le frère Christian, bien dans le moule, ne fait rien pour détendre l'atmosphère.

Vers novembre, ça grogne sec. Un vent de révolte souffle dans l'établissement. Chaque occasion donne lieu à des manifestations d'insoumission. Vincent est au cœur du mouvement. Il vient de doubler sa cinquième. Il est préoccupé, pris par le flot de l'agitation qui enfle. L'amélioration des résultats scolaires, pour l'heure, ce n'est pas son souci, il faut hurler avec les autres.

La réponse : répression et punitions en cascade. Un talent est en train de se perdre.

Au Mas, on ne comprend pas. Les parents s'inquiètent et le père questionne. Cet enfant, tous disent son intelligence, alors ? Les enseignants disent les résultats désastreux, alarmants ; et ils le sont.

Le jeune adolescent ne répond pas, ne donne pas d'explication aux questions que pose le père et, quand la colère paternelle s'annonce, il se dérobe, assure qu'il fera effort, engagement aussitôt démenti par les faits.

En juin 1965, Vincent est au bord de la rupture. Le dur de sa souffrance le fait dur avec les autres, il agresse, et pas seulement les frères de l'Institut, il humilie ses camarades plus fragiles, ça tourne mal cette affaire. Il faudrait un grand choc pour faire tout basculer ; et le choc se produit.

Jacquot, son aîné de dix ans, s'est vu proposer par Jean-Sébastien un contrat de professeur stagiaire afin de préparer le Certificat d'Aptitude à l'Enseignement Musical, le CAEM. Le contrat signé à la rentrée 1963 stipule qu'au terme de cinq ans de préparation et sous réserve de l'obtention du diplôme, il intégrera le corps des professeurs de l'Institut.

Or, il advient qu'à la rentrée 1964, son maître de stage, Monsieur Macé, est parti à la retraite. Monsieur Rochelandais, professeur à l'école des filles toute proche, lui succède partiellement. Ce professeur préparait également sa fille au même diplôme et visait pour elle le poste à l'Institut des garçons. Rien de plus facile pour lui que de faire un rapport défavorable au sujet de Jacquot et d'inviter Stéphane, qui ne connaît rien à la musique, à rompre le contrat. La nouvelle tombe brutalement le 30 juin 1965, jour de la sortie. Les interventions de Jean-Sébastien et des autres professeurs n'y changeront rien, Stéphane reste sur sa position, Jacquot a perdu son emploi.

L'occasion est trop belle pour l'adolescent. Il sort de son silence et jette tout sur la table, l'abject de ces hommes, l'insupportable de la discipline et des conditions de vie. Peut-on attendre quelque chose de bon de cette engeance ? Lui, il n'est pas mis dehors de l'Institut, mais prend posture :

« Je ne remettrai plus jamais les pieds à Marseille, quoi que vous fassiez. »

Le mauvais sort fait à Jacquot vient en aide à Vincent. Il est difficile à la famille de célébrer la louange de cette institution qui brise tout net une carrière qui s'annonçait sous les meilleurs auspices. Mais où placer l'adolescent pour la suite de ses études ? Si Marseille est exclue, il faut alors regarder vers Toulouse, Lyon, Clermont-Ferrand ou Paris. C'est loin tout ça.

C'est Pierrot qui va prendre la parole et ouvrir vers d'autres horizons.

« Vincent connaît parfaitement le braille, intégral et abrégé, il en possède toutes les facettes, pourquoi ne pas le mettre dans un collège ordinaire, à Bagnols-sur-Cèze par exemple. Moi, lorsque je suis allé à Colombier, je ne maîtrisais pas toutes les techniques, mais lui, c'est différent. »

Et tout bascule. Nous rencontrons Monsieur Vincent, le jeune Directeur du collège Saint-Jean. Il m'accueille chaleureusement. Il m'écoute, attentif, me pose quelques questions, me fait faire quelques exercices de géométrie. Puis il dit :

« Vincent, si tu acceptes de tripler ta cinquième, je te prends et on va reconstruire ensemble. »

« Oui Monsieur, j'accepte, je veux être collégien à Bagnols. »

Et l'aventure commence.

L'élan

LE RETOUR

C'en est fini de l'Institut, des frères de Saint-Gabriel et des heures horribles. Je retrouve le Mas ; pour toujours ?

Pour l'heure, tout est à ma joie.

Joie de retrouver la grande table où, deux fois par jour, on se rassemble au moins à douze pour partager le repas préparé par la mère. Mamet Marie, après la mort du papet, a laissé le fourneau à sa belle-fille, mais les recettes ancestrales sont gravées au fond des casseroles et viennent se glisser en qui en tient le manche.

Les frères sont tous là, les mamets aussi. Le père n'est pas encore trop affecté par la maladie et Didile, la sœur, a donné naissance au premier neveu qu'elle prénomme Michel, comme pour signifier qu'il fallait bien accoler, au nom donné par les épousailles, le nom familial qui est le sien.

Joie de partager au quotidien cette vie qui m'a tant manqué, de vivre au rythme des saisons. Partager les moments bénis de l'ouverture de la chasse, l'allégresse des frères, la chaleur et la succulence forte des repas de chasseurs où le goût du gibier envahit l'air de toute la maison et pénètre les corps jusqu'au fond de l'âme. Joie de guetter l'arrivée des paniers emplis de champignons ou d'aller, en compagnie des frères ou de Didile, les dénicher aux pieds des arbres.

Joie des vendanges auxquelles on peut enfin prendre part. Chaleur des soirées d'hiver où l'on pèle les châtaignes pour en faire la confiture dont on n'oublie jamais le goût. Chaud des soirées quand il gèle dehors à pierre fendre et que le mistral fait craquer la maison de toutes ses jointures. Quel délice de se glisser prestement dans le lit glacé et d'y retrouver au fond le brûlant de la bouillote. Ici, pas de chauffage central, mais la chaleur des hommes.

Et puis il y a la vie avec ceux du pays que l'on retrouve au Mas ou à la ville. Il y a celle toute joyeuse avec les camarades du collège Saint-Jean de Bagnols, Bernard, Guy, Michel, Gilbert, Richard, Dominique, Antoine… Ils sont d'ici et nous vibrons ensemble autour des événements de notre petit monde ; commenter les matches de foot du week-end, dresser le calendrier des fêtes de villages, discuter des élections à venir, échanger les petits potins, voilà qui nous occupe. Avec eux, c'est la joie du jeu dans la cour du collège ou dans les bois du Mas quand, le jeudi venu, nous partons vers des aventures inventées. Souvenir du jour passé à imaginer un jeu avec Bernard, un camarade du collège, dans une cave en partie désaffectée. Il s'agit d'atteindre un *fenestron* situé au fond de la bâtisse. Bernard se hisse contre la paroi du cuvon qu'il pense vide et saute sans regarder. Mal vu, le cuvon n'est pas vide, mais empli de lie de vin et mon camarade, tel un *paillasse*, en ressort, les vêtements maculés de rouge et empeste la vinasse. Il nous faut sans tarder regagner la maison, un peu penauds, mais au fond de nous secoués d'un grand rire bientôt partagé par ma mère qui s'emploie tout de suite à procurer d'autres vêtements au plongeur des caves. L'événement fait rire aux larmes toute la maisonnée attablée pour le souper et alimente, des jours durant, les plaisanteries des copains du collège.

La vie reprend ses droits et, avec elle, le collégien retrouve le plaisir d'apprendre et le désir de faire effort. La paix intérieure retrouvée, l'être peut se construire patiemment.

ÉLECTION

1965

La France écrit une nouvelle page de sa longue histoire, ses institutions vivent leur métamorphose. Le vieux pays s'apprête à élire au suffrage universel son monarque républicain.

Je dis monarque, l'homme qui engage l'évolution de notre constitution et va se proposer à l'onction populaire, en porte les attributs. Sorti debout de l'un des drames les plus affreux que la France ait connus, il est une légende. Sa silhouette de géant, sa voix étrange entre toutes, son verbe olympien, son écriture épique, font du général de Gaulle le souverain incontestable de la Cinquième République, créée par lui et pour lui.

Je dis monarque, les prérogatives dont dispose désormais le Président de la République sont des plus étendues. Chef des armées, investi de la capacité propre de déclarer la guerre, il nomme le chef du gouvernement et peut, à tout instant, dissoudre l'Assemblée nationale, pierre d'angle du pouvoir législatif. À l'instar du Roi Soleil, il dispose du droit de grâce. En 1965, c'est encore le droit de vie ou de mort. Désigner un homme investi de tels pouvoirs ne peut que susciter de vifs débats, d'intenses passions ; et la mise en scène est majestueuse.

Le peuple électeur est convoqué pour le premier décembre. Le vieux général, en maître des horloges, a maintenu longtemps le suspense puis, un soir, à vingt heures, sur toutes les radios et à la télévision il dit :

« C'est moi ou le chaos. »

La France entière est en émoi. Deux fois par jour, les candidats s'adressent au pays. Le cérémonial qui annonce les prises de paroles est grandiose, pour un peu, on se croirait à la Comédie française. Au Mas, au collège, sur les marchés, entre voisins, à la radio et à la télévision, on ne parle presque que de cet événement inédit : tout le monde est convoqué pour choisir le chef. J'entre en passion politique.

Pierrot prend du temps et fait à sa façon mes premiers cours d'instruction politique. Il me présente les idées des différents partis et me décrit avec soin les protagonistes qui vont s'affronter. Pierrot a ses convictions, mais il met un point d'honneur à me présenter les choses le plus objectivement possible. Il y réussit assez bien.

Au Mas, on est viscéralement hostile à De Gaulle. La viticulture va mal et on le rend responsable. On ne supporte pas que des vins venus d'Algérie – ce pays dont on a été foutu dehors – viennent concurrencer nos propres productions. L'Algérie, le général l'a lâchée après avoir laissé croire le contraire. Jeannot et Riri se sont battus pour rien ; on a vu revenir les cousins, une main devant, une main derrière ; tout cela, on ne le lui pardonne pas. La famille ne suivra pas pour autant Tixier-Vignancour, l'avocat de l'Algérie française et des généraux félons. On le trouve excessif et trop à droite. Le père rappelle qu'il a fréquenté Vichy, et ça, ça ne passe pas. On n'ira pas davantage vers Pierre Marcilhacy, un homme austère dont on ne connaît pas grand-chose, pas plus que vers Marcel Barbu, le *candidat des chiens battus*, qui pleure à la télévision. En cet instant solennel, le farfelu n'est pas absent et nous déride.

Au premier tour, on votera Lecanuet. Il se dit centriste et ne fait pas mystère de ses convictions chrétiennes. Surtout, il porte une grande idée qui enthousiasme au Mas, la construction européenne, une œuvre de paix et de prospérité. Encore une bonne raison de se démarquer de De Gaulle dont le nationalisme excessif exaspère.

Moi, loin de tout comprendre, de tout saisir, je m'emballe. J'écoute l'intégralité des discours. On les enregistre sur le magnétophone de Jacquot et on les repasse.

Je suis sensible aux voix. Tixier Vignancour, une voix de basse profonde, comme une contrebasse qui parlerait. C'est un peu effrayant. Lecanuet, le timbre est jeune, clair, presque chantant, une diction parfaite, séduisante.

Ceux qui le découvrent à la télévision sont frappés par la clarté de son regard, l'expression *Kennedy français* rehausse l'image de modernité.

François Mitterrand, c'est autre chose. La voix est chaude, le timbre harmonieux. Mitterrand, c'est avant tout l'artiste du verbe élégant, le magicien de la formule qui fait mouche. Tantôt patelin pour mieux séduire, tantôt mordant, il n'a pas d'égal pour enthousiasmer les foules ou déstabiliser son contradicteur. Il m'apprend ce qu'est un orateur. L'éloquence de François Mitterrand, son art du discours, me fascineront longtemps et, quand j'écoute aujourd'hui certaines de ses allocutions, je suis subjugué par sa maîtrise de la langue au service d'une pensée qui prend de la hauteur.

Du haut de mes quinze ans, je participe avec toute ma morgue aux débats des grands et il m'arrive que l'un d'eux me reprenne de volée.

Soir de décembre 1965. Nous sommes en voiture et allons à Bagnols voir un débat à la télévision chez ma sœur et mon beau-frère. La télé, elle n'est pas encore au Mas. Je m'enthousiasme à l'idée que la France puisse devenir une *démocratie populaire*. Le père me reprend calmement, mais fermement. « Une démocratie populaire, Vincent, c'est aujourd'hui un pays satellite de la Russie, de l'URSS, un pays communiste sans liberté. Il faut savoir ce que l'on dit avant de parler ou interroger ceux qui savent. »

Voilà l'adolescent sérieusement mis à sa place et invité à réfléchir avant de vouloir en remontrer.

Le premier décembre au soir, c'est la fête au Mas, de Gaulle n'est pas élu, il est en ballottage, difficile.

Lecanuet est troisième, mais il a fait un bon score et annonce la formation d'un nouveau parti politique, le *Centre Démocrate* en qui on met espoir. On s'enflamme. *On va sortir le vieux.* Mais pour battre de Gaulle, il faut voter François Mitterrand, l'allié des communistes, et ça, c'est un problème.

Les communistes, on ne les aime pas. On sait la dictature soviétique, la répression, on se rappelle l'écrasement de Budapest en 1956, quand on préparait des colis de vêtements pour les enfants hongrois écrasés par les chars russes. Les communistes sont contre la religion, qu'ils persécutent en Russie et dans les pays qu'ils dominent.

Pourtant, des communistes, on en connaît bien autour de nous. Ils sont aimables, travailleurs. Il y a Fernand, le boulanger de Connaux. Il fait du bon pain, aime à rire et affiche les horaires de la messe sur la devanture de sa boulangerie. Un jour, je l'ai surpris au Mas en train de chanter l'Internationale, accompagné au piano par la mère. Alors, si ceux de Moscou effarouchent, ceux de Tresques, de Connaux ou de Bagnols sont vraiment sympathiques. On a du mal à croire, comme le clame la droite, qu'ils mettraient fin à la propriété privée et qu'ils inviteraient les chars soviétiques sur la place de la Concorde.

Le père hésite. Mitterrand, c'est un vieux politique de la Quatrième République. Il se souvient d'une sombre histoire d'attentat simulé, à Paris, à l'Observatoire. Il ne le juge pas très clair, le député de la Nièvre. Malgré ses hésitations, avec toute la maisonnée, il votera pour lui.

De Gaulle sera élu. La famille, pour la première fois, fait un pas vers la gauche. Il y en aura bien d'autres avant que le balancier revienne chez certains vers son point de départ, pire même.

J'ai vécu mes premières soirées électorales, je ne manquerai aucune de celles qui suivront. J'ai goûté à l'élixir de la politique, elle est ancrée en moi et n'en sortira plus.

DE BAGNOLS À NANTERRE

Septembre 1965.

Le chemin qui s'ouvre est de longueur, de risque, de difficulté, d'enthousiasme ; il est de rencontres.

Le chemin est long, très long. Il part du collège Saint-Jean de Bagnols-sur-Cèze, s'attarde quelque trois ans au lycée de la petite ville, prend ses aises, de belles années, à l'Université Paul Valéry de Montpellier, se pose à Paris. Là, à l'Université de Nanterre, la rebelle, il s'achève quelques jours avant le printemps 1980, dans l'explosion de joie qui fête la victoire.

Quinze ans de travail, de passion, de découvertes. L'homme arrive au but, entre dans l'action.

En septembre 1965, le doute m'habite, l'appréhension m'étreint. Je me sens un funambule au-dessus du précipice, mon petit balancier à la main et dessous, pas de filet. L'aventure dans laquelle je m'engage n'est pas banale. Au collège Saint-Jean, rien n'est conçu, imaginé pour accueillir un élève aveugle, si ce n'est le regard généreux de son directeur, Monsieur Vincent, et la ferveur jamais démentie de tous les professeurs.

Monsieur Vincent ! Quel nom prédestiné pour l'homme qui guide mes premiers pas sur le chemin de liberté. Mon Monsieur Vincent ne sort pas sous la mitraille, recueillir les petits orphelins dans Paris, dévasté par les luttes fratricides de la Fronde. Il ne crée pas davantage d'ordre religieux qui traverse les siècles. Il dirige le collège catholique de Bagnols dont il ouvre les portes à tous. Il est joyeux, Monsieur Vincent, il aime à rire, à chanter, et sa belle voix de ténor fait merveille quand, le dimanche venu, il dirige les chants de l'église Saint-Jean-Baptiste. Sa gaieté s'épanouit dans la confiance qu'il donne aux élèves qu'il accueille, aux professeurs qu'il accompagne. Il sait dire les choses quand elles ne vont pas, sait redonner courage à l'élève qui fléchit, qui doute. Le doute, il me ronge.

Tout est à construire. Il faut imaginer, adapter. Le chantier devient l'affaire de tous, du large groupe, de l'élève que je suis, de ma famille, de mes nouveaux enseignants, de mes camarades.

Apprendre la dactylographie, voilà l'urgence. C'est indispensable si je veux que mes professeurs évaluent mes travaux. L'écriture braille, ils ne la connaissent pas. Je relève le défi dès le mois d'août. Trois semaines durant, j'effectue d'arrache-pied les exercices de la méthode. À la rentrée, je maîtrise. Au soir de mon premier jour de collège, Jeannot me réserve une belle surprise. Il m'appelle dans le bureau, me fait asseoir à la table et met sous mes doigts une machine à écrire portable toute neuve. Quinze ans durant, elle m'accompagne à Bagnols, Montpellier et même à Paris. Une belle façon de m'encourager et de me dire sa confiance. Pour le reste, c'est très compliqué. Les manuels utilisés par le collège n'existent pas en braille, à quelques exceptions près. La méthode d'apprentissage de l'anglais, dont je peux disposer, est bien des mêmes auteurs que celle du collège, mais c'est l'édition ancienne, l'édition bleue. En 1965, on travaille avec l'édition rouge. Alors c'est la débrouille. Je mets un soin particulier à mes prises de notes durant les cours, les copains me lisent les livres pendant les récréations. Le jeudi, ils viennent jouer avec moi au Mas, mais n'oublient jamais de passer quelques heures à me relire un texte, à réviser un exercice. Je sollicite ma mémoire à son maximum, j'imprime en moi-même ce que je ne trouve pas sur le papier. Je mets la famille à contribution, le magnétophone tourne à plein régime et les kilomètres de bandes enregistrées s'accumulent. Tout le monde est sur le pont.

La mobilisation générale m'accompagne jusqu'au jury de thèse de Nanterre. Au fil des ans et des obstacles franchis, elle s'organise, s'affine, se professionnalise. Je sélectionne davantage les talents de ceux qui enregistrent. L'oncle curé, habitué à prêcher et qui dispose d'une belle voix assortie d'une diction excellente, est largement sollicité, surtout pour les ouvrages de fond. Mais il faut bien mettre un peu de malice dans tout ça ! Je m'ingénie à proposer à mon lecteur ecclésiastique des livres quelque peu subversifs à ses yeux, Marx, Lénine ou Freud. Le vieux prêtre lit avec toujours la même rigueur, la même élégance. Seulement, parfois, il n'y tient plus et, au détour d'une phrase, il glisse une exclamation : « Ça c'est pas vrai ! » ou encore « Tout de même ! »

À midi, les frères questionnent :

« Qu'as-tu fait lire à tonton ce matin ? » Et tout le monde rit de bon cœur. Le curé du pays cévenol n'est pas dupe ; il rit avec nous : « Pour mieux contredire, il faut tout d'abord connaître. »

J'en appelle à mon beau-frère pour l'anglais. Mon père, près de cinquante ans après en avoir lâché la pratique, redécouvre l'italien. Puis viennent les voix étudiantes, avant qu'il me soit permis, après la Loi d'orientation du 30 juin 1975 consacrée aux personnes handicapées, de salarier une personne à temps partiel. Le luxe ; mais j'entre en thèse. Que de débrouille, de solidarité pour en arriver jusque-là, et il en faudra encore.

Le tissage du réseau qui m'accompagne crée des liens, forts. Des amitiés se nouent, résistent au temps qui passe. À celles et ceux que les circonstances ont éloignés, ma mémoire reste fidèle et reconnaissante.

Elle va vers mon « frère Yves », le camarade descendu de la Basse-Ardèche, l'ami du grand passage entre le lycée et l'Université, l'ami du bras qui guide, de la parole qui réconforte, de l'élan qui projette en avant. Combien de soirées partagées dans nos chambres d'étudiants à parler politique, poésie, à écouter Ferré, Brel et Brassens, à discuter toute une nuit sur les rêves des aveugles et notre façon de se représenter les formes, les dessins. Une craie en main, il me fait tracer sur le tableau noir de la chambre certains objets, il rit de la façon dont je les imagine.

Il est le premier à me parler de la perspective que ceux qui voient utilisent lorsqu'ils dessinent. C'est la découverte de deux univers qui se côtoient, mais ne se connaissent pas.

Octobre 1976. Je suis avec la famille à la porte de l'église de Nîmes. La cérémonie des funérailles de Jacquot s'achève. Soudain la foule se fend, Yves se précipite vers moi, me prend dans ses bras et me berce comme un père console son enfant étouffé par le chagrin. Il a voyagé toute la nuit depuis Paris pour me rejoindre, venir sécher mes larmes.

Depuis, il a connu souffrance, a été hospitalisé. Pour toujours ? Il m'a tant apporté, tant donné. Il est pour beaucoup dans tout ce que j'ai osé et réussi. Chaque jour ma pensée va vers lui. Si cela se peut, que Dieu le bénisse et le garde dans la paix.

Le chemin sur lequel je suis engagé soulève en moi conscience. Je mesure chaque jour le poids qui pèse sur mes épaules, la discrimination dont je suis l'objet. Que je ne puisse pas me mettre sous les doigts ce que les autres ont sous les yeux m'oblige à faire effort. Je suis frustré, « colère ». Pourquoi ça ? Je puise ici ou là auprès de la Bibliothèque Braille de l'Association Valentin Haüy à Paris, quelques-uns des livres que les programmes me commandent de découvrir. La pêche est maigre. Je mesure l'abîme de compréhension qui s'installe entre la lecture silencieuse, celle de l'aveugle avec le braille, et l'écoute du texte enregistré, polluée par le choix d'interprétation du lecteur, quand elle n'est pas perturbée par une mauvaise lecture. Compenser ce désavantage passe par du travail, beaucoup de travail, des sacrifices. Certains jours, le découragement me gagne, menace de tout emporter.

Septembre 1971, j'entre en hypokhâgne au lycée Joffre de Montpellier, Yves est avec moi. Consécration, la revanche pour le réprouvé de Marseille, je suis admis dans une filière d'excellence. Bien vite je déchante, la masse de travail est énorme, les exigences aussi. L'absence d'ouvrages en braille, plus criante qu'au lycée. Tout de même, je ne peux pas épuiser les copains submergés par la besogne ! Je renonce aux classes préparatoires, j'irai à la fac, mais pas pour mon malheur.

La réussite, elle m'est obligatoire. Les difficultés économiques auxquelles le Mas est de plus en plus confronté, ne permettent pas à mes frères d'acquitter les frais d'une vie à l'université et de tout ce qui s'y rattache. Et puis, ils ont déjà tellement donné. Restent les bourses. Pour les obtenir et les conserver, il faut réussir, ne jamais redoubler.

Je tremble parfois dans ma chambre d'étudiant, crainte de l'échec, terreur face à ses terribles conséquences.

Soir de juin 1973, j'apprends la nouvelle. Pour être admis à entrer en licence d'histoire, je dois repasser une épreuve de géographie, de la morphologie. Panique à bord, je pleure, je prie tout ce que je sais prier. Je n'en parle à personne. La peur du couperet hante les grandes vacances. Septembre arrive. Je suis devant l'examinateur, les plissements géologiques, ça ne me passionne pas, mais il faut franchir l'obstacle. Alors, la mémoire, toujours la mémoire... Je sors ce que je sais, ça passe, juste peut-être, qu'importe, je suis sauvé.

Je fournis tant d'efforts, alors l'injustice, ça ne passe pas.

Mon projet universitaire, passer l'agrégation d'histoire et enseigner. Je suis une personne handicapée, l'administration me le rappelle. Avant de m'inscrire, il faut montrer patte blanche, présenter un dossier médical... des fois qu'on serait contagieux ! Alors, je sacrifie à l'exigence administrative et là, surgissent le Maréchal et ses lois funestes. Grâce soit rendue au Régime de Vichy, l'école de la République ne sera pas perturbée par ce jeune trublion aveugle, fils de mai 68 et dont la cuti a définitivement viré à gauche.

Je reçois la lettre du ministre au printemps 1974, c'est non. Je ne pourrai pas concourir. Colère, rage. Je ferai une thèse.

Ainsi va ma vie durant quinze années. Le travail la domine avec les choix et impasses indispensables. Marseille a laissé des traces, des vides. Les outils adaptés font défaut à l'aveugle qui étudie. Tu imagines les mathématiques sans pouvoir suivre le prof qui trace les figures géométriques au tableau et y pose les équations ? Tu ne combles pas le retard, tu le creuses.

Pour l'anglais, même galère, de plus, cette langue me laisse froid. Je m'appuie sur du solide. L'histoire m'enthousiasme. Ma pensée vive s'essaie à s'exprimer dans une belle langue, même si l'orthographe me fait longtemps souci. La littérature touche ma sensibilité en son printemps. Les langues latines, l'espagnol et l'italien, si proches du provençal grand-maternel, me comblent de plaisir. La poésie de Garcia Lorca, un éblouissement. Alors, va pour les disciplines littéraires, avec elles, j'irai jusqu'au bout.

Se rappeler ces instants, en écrire aujourd'hui le récit ravive la douleur de l'effort. Je pense aux enfants aveugles inscrits dès le plus jeune âge dans l'école de la République. Ils sont sur ce chemin, rude, exigeant jusqu'à l'extrême. Ils sont au cœur du monde, avec les copains de leur âge. Mais leur langage est-il le même ? Le maître parle-t-il la langue de l'oreille et de la pulpe du doigt ? Il faut les entourer, être en sympathie. Des efforts, des sacrifices, la joie, la vie.

La joie, ce sont les rencontres avec des filles et des garçons venus des quatre coins de la région et d'ailleurs. Ils sont portés par l'enthousiasme de notre jeunesse où tout semble possible. Beaucoup entrent au cœur de ma vie, certains y demeurent. Avec eux, je partage la formidable aventure qui mène vers l'inconnu. Les liens de l'esprit et de la chair se mêlent. Avec ces filles, ces garçons, je m'ouvre aux beautés et richesses du savoir, je croque à belles dents les plaisirs de la vie. Jubilation des fêtes étudiantes qui se prolongent tard dans la nuit, même quand l'examen nous attend au petit matin. Je redécouvre l'émerveillement de la musique autour du chant choral et reviens à mes grands compositeurs favoris, qu'avec mes amis, j'interprète dans l'allégresse. Des années de lumière.

Il n'y a pas de formation qui mène loin sans rencontre avec ceux que la tradition universitaire appelle les maîtres. J'ai les miens, ils marchent à mes côtés.

Vient d'abord Robert Zarella, professeur d'histoire du lycée. Il est, sans doute aucun, le père de ma vocation d'historien. Sa façon d'enseigner surprend par son originalité, par ce qu'il y met de lui. Il ne vient pas débiter son cours pour s'en aller, la chose faite. Son cours, il le prépare, le mijote. Il le rédige et le polycopie pour chacun. Il le distribue comme du bon pain en partage. Son cours, après l'avoir étudié chez nous, nous le travaillons en classe, nous le parlons, le discutons. Mais attention, même si Robert, fils de mai 68 est proche des élèves, il n'oublie pas sa mission, les former. Alors, attention à celui qui ne joue pas le jeu, l'interro surprise peut tomber à tout instant et là, on ne rigole pas.

Il est le premier à m'extraire d'une approche événementielle de l'histoire pour me conduire sur le sentier de l'analyse des faits, des actes posés par les hommes, de l'exploration fine des grands écrits. Il aiguise mon appétit de connaissance et m'invite à découvrir Fernand Braudel, Georges Duby, Lucien Febvre... J'approche en sa compagnie l'œuvre immense de Marx et me cogne pour la première fois aux subtilités de la dialectique.

De son côté, Michèle Gorel m'emmène sur les chemins subtils de la philosophie. Moment important, déroutant que de découvrir la gymnastique du raisonnement philosophique. Rien à voir avec l'analyse littéraire. Les premiers pas dans la discipline sont laborieux, mais cultiver l'esprit fait récolte. Je découvre dans l'approche des grands maîtres de la pensée une parenté avec mon domaine de prédilection, l'histoire.

Nos professeurs de lycée sont des enseignants remarquables. Ils nous touchent par leur présence à nos côtés. L'entrée en philosophie s'avère un peu hermétique ! Alors, Michèle Gorel met ses pas dans ceux d'Aristote et, tels les élèves de l'école péripatéticienne, elle nous conduit sur les bords de la Cèze une journée entière. Là, les masques tombent. Des liens nouveaux se tissent entre le jeune professeur et nous. L'enseignement ardu se transforme en une agora féconde. Dans tout ça, il y a souci de faire grandir l'homme.

25 juin 1971. Je viens de passer les épreuves écrites du baccalauréat et prépare l'oral. Mais ce matin, je ne suis pas dans les livres. Le père vient de passer sur l'autre rive, c'est la déchirure. Le lendemain, une foule immense se presse aux obsèques du vigneron précurseur. Le jour d'après, Robert Zarella est au Mas. Il m'étreint. Il vient me proposer de faire toutes les démarches administratives afin que je puisse passer l'oral à l'automne. Le geste me touche, mais je refuse, je serai à Nîmes avec mes camarades de classe. Le signe fraternel reste en ma mémoire.

Puis viennent les maîtres de l'Université. Bernard Genzling, le professeur d'histoire d'hypokhâgne. C'est la fulgurance de la parole et de l'esprit. Avec lui, je saisis ce qu'est un cours magistral. Son verbe nous embarque sur l'océan des découvertes. Une formule tranchante comme de l'acier bien aiguisé résume une situation complexe. Homme du verbe, il est aussi celui de l'analyse rigoureuse, sans concession. Après avoir quitté prématurément la classe du lycée Joffre, je reviendrai chaque mardi et jeudi m'abreuver au flot bouillonnant de connaissance.

Gérard Cholvy, à l'Université Paul Valery, m'exerce aux premières méthodes de la recherche historique et me fait avancer sur le sentier subtil de l'histoire des mentalités. Pas de chiffres ici, tout est en nuance.

Une autre pensée, un autre verbe qui fait souffle, Raymond Dugrand, géographe urbaniste. Il met sa pensée en acte et accompagne Georges Frêche dans l'édification du Montpellier contemporain. Ses cours sont de ceux qui transportent. Sa thèse, *Villes et campagnes en Bas-Languedoc,* est l'un des livres de chevet qui accompagnent la gestation de la mienne ; que de lumineuses pages d'écriture qui conduisent le lecteur lointain vers une terre de beauté.

Le maître des maîtres, à mes yeux, c'est Jean Bouvier, ce grand historien, connaisseur éclairé de l'économie contemporaine. C'est lui que je choisis pour accompagner mes travaux de thèse consacrés à la viticulture languedocienne et au rapport entre les crises économiques et l'émergence d'une pensée régionale.

Le travail est colossal. Il passe par l'analyse minutieuse de dizaines de séries statistiques dont il faut décrypter les signes, tirer les leçons. Il mène à la rencontre avec les gens du pays, ceux d'aujourd'hui engagés dans la mêlée des luttes et quelques figures emblématiques des temps anciens. Discussion émouvante à la maison de retraite d'Agde avec deux vieilles femmes du Languedoc. Parler de l'événement fait revivre leur mémoire. Elles le racontent comme si c'était hier. Le courage des braves soldats du dix-septième, ça les fait pleurer, le temps n'efface pas tout.

Diriger une thèse, c'est soutenir le travail de l'étudiant durant des années d'intense labeur ; c'est l'éclairer sur les pistes à examiner, les écueils à éviter ; c'est respecter sa liberté de recherche et de conclusion. Jean Bouvier accompagne ma démarche avec un doigté délicat. Il est le bras qui s'offre au long du chemin escarpé, qui guide les pas vers des zones plus sûres. L'homme sait décortiquer au scalpel les faits économiques, les passer au feu de l'analyse historique. Il forge mon esprit de chercheur. Il me permet d'établir un lien fort entre les réalités économiques et les surgissements de l'entendement et de l'agir des hommes. Il me conduit dans l'approfondissement de la connaissance de l'histoire de ma région, de la compréhension des mécanismes qui sous-tendent le fonctionnement de la partie centrale de son agriculture, la vigne. Il me confie les clés afin de percer les secrets de l'action politique et de ses méandres. Au cours de mes quatre années de recherche, je vais mettre en lumière la dépendance dramatique des petits vignerons languedociens par rapport aux forces du négoce qui ruine les politiques de qualité ; et les hommes. Ma réflexion sur la maîtrise de la mise en marché des productions agricoles par les paysans eux-mêmes s'enracine dans mon parcours de thésard.

Quand j'évoque aujourd'hui avec des proches les possibles d'une agriculture paysanne restaurée, du bio, des circuits courts, mes méthodes d'analyse de chercheur, accompagnées par Jean Bouvier, me reviennent. Son travail de guidance, le maître le mène avec la sobriété des grands. Au hasard d'une de nos rencontres régulières dans sa petite maison du boulevard de la Libération à Vincennes ou au détour d'une déambulation sur les sentiers du Mas, il livre une pensée qui éclaire. Quel bonheur de l'avoir rencontré.

Les discussions, le travail, la conférence, au sens où l'entendait Montaigne, avec autant de riches personnalités, accompagnent la construction et l'évolution de ma trajectoire politique. Elle glisse doucement et sûrement de la partie droite de l'échiquier, où ma famille, traditionnelle, l'avait ancrée, vers la partie gauche. La fougue de la jeunesse habite cette métamorphose. La rigueur d'analyse de Robert Zarella ou de Jean Bouvier m'incite à regarder vers la gauche qui, comme le disait Jaurès, part de la connaissance du réel pour mieux le transformer. Mon engagement s'inscrit sans peine dans les pas de Pierre Mendès-France, de Michel Rocard et dans la lignée des femmes et hommes du PSU. Si le désir de transformer la société en profondeur m'habite, l'histoire dans laquelle je suis maintenant plongé m'apprend que les ruptures les plus violentes sont loin de donner les meilleurs fruits, quand elles ne produisent pas de vraies purges. La période qui s'enracine dans les événements de mai 68 et débouche sur la victoire de François Mitterrand, le 10 mai 1981, porte en elle un grand bouillonnement, une volonté farouche de changement. La virtuosité rhétorique, l'éloquence mitterrandienne, prendra le pas sur la raison rocardienne, peut-être pour le malheur de la gauche et de la France. Qui sait ? On ne refait pas l'histoire.

Mes convictions politiques se forgent. Celles qui touchent au domaine de la foi s'élaborent dans la discussion intérieure. Suivre un homme politique et s'interroger sur Dieu n'est pas du même ordre. Le questionnement de l'homme sur ses origines et sa finitude va bien au-delà des questions matérielles qui envahissent notre quotidien. Ma mère et le Père Côte ont semé les premières graines, dans le sensible, la tendresse. Des femmes à la spiritualité et à la foi intense, qui s'enracinent dans une vie de service forçant l'admiration, Annick et Madeleine, cultivent les premières pousses. Jean, Jacques, André, François, les amis de Marana Tha, retournent ce terreau fertile. Avec eux, j'interroge et discute les textes. Le raisonnement critique de l'historien, ça sert en tout lieu. Croire n'est pas chose simple, celui qui a traversé des épreuves, approché tant de morts, connaît la force du doute. La rencontre avec les témoins d'une foi incarnée en un homme d'exception, image vivante d'un Dieu d'amour et de paix, aide à dépasser les appréhensions.

Le chemin était bien de longueur. Les difficultés n'étaient pas feintes et les risques d'une réalité criante. Il a été de rencontres, et de rencontres éblouissantes. L'enthousiasme a guidé mes pas ; jusqu'au bout.

Le militant

L'AFFAIRE GIHP

Avril 1971, interclasse du matin. Monsieur Cholet, le censeur du lycée de Bagnols, me tend une grosse enveloppe : « Tiens, Vincent, c'est pour toi. Voilà qui te sera sans doute précieux pour ta prochaine installation à Montpellier. »

Le courrier émane de la délégation régionale du Groupement des Intellectuels Handicapés Physiques, le GIHP. À peine rentré au Mas, je tends le dossier au père, au repos sur son fauteuil ; le mal, opiniâtre, fait son œuvre et s'apprête à gagner la partie. Le père épluche le contenu :

« C'est intéressant, Vincent, cette affaire. C'est une jeune association créée en 1964 à Nancy par des étudiants handicapés physiques. Elle est présente à Montpellier depuis cinq ans. C'est de là qu'on t'écrit. Ces jeunes ont un bel idéal, étudier malgré leur handicap pour pouvoir travailler comme tout un chacun. Ça ne te rappelle pas quelqu'un ? Ils dénoncent la commisération dont ils sont l'objet et refusent par exemple de faire la quête sur la voie publique pour financer leurs projets. Ils soutiennent que les politiques de solidarité relèvent de la compétence des pouvoirs publics et non des actions caritatives. Ça me plaît bien tout ça. Ils s'intéressent en particulier à la création de services de transports pour personnes à mobilité réduite dans les villes, afin de leur permettre de se déplacer facilement vers les lieux d'étude ou de travail. Tu devrais les contacter sans tarder, voilà qui pourrait bien te faciliter la vie quand tu t'installeras là-bas. »

Le conseil paternel ne reste pas lettre morte, dès le lendemain, contact établi.

En juillet, accompagné de Jeannot, je me rends à Montpellier pour y préparer ma rentrée. À la cité universitaire du Triolet où le GIHP a son siège, nous rencontrons la vice-présidente, Christiane Montredon, une kinésithérapeute qui travaille à l'hôpital tout proche. La personne est plutôt bourrue et ne doit pas être facile. Mais sur le fond, affaire conclue ; je pourrai bénéficier du service transport dès la prochaine rentrée.

Quelques jours après mon installation, un coup de fil :

« Mademoiselle la Présidente souhaite vous rencontrer. »

Rendez-vous est pris. Fin d'après-midi, j'arrive à la cité universitaire du Triolet et m'annonce. Évelyne, la jeune secrétaire, m'accueille. Elle m'installe dans la salle de musique qui sert de bureau annexe à l'association. Quelques instants plus tard, je suis introduit dans le bureau présidentiel.

« Bonjour. » Une voix étrange me saisit. C'est tout à la fois jeune, ensoleillé et ça manque de souffle, ça semble s'évanouir tout à coup. Un bruit bizarre dans la pièce, comme un moteur électrique qui actionnerait un soufflet.

« Bonjour. »

Je m'avance et tends la main.

« Je ne peux pas », dit la voix étrange.

Première minute d'une rencontre qui semble dater d'hier.

Josiane Criscuolo est tétraplégique, les quatre membres totalement paralysés par les séquelles d'une poliomyélite ravageuse, contractée en 1961 à Alger, à l'âge de 24 ans. Seule la tête reste parfaitement mobile.

« Je vis avec la tête », dit Josiane.

Et c'est vrai qu'elle fait beaucoup de choses avec sa tête qui, surmontée d'un casque muni d'une tige, lui permet de taper à la machine à écrire et de rédiger ses recherches universitaires, des travaux qu'elle mène au sein du centre d'histoire militaire du Professeur Martel, à l'Université Paul Valéry de Montpellier. Femme de tête, oui ! Elle porte le formidable projet du GIHP Languedoc-Roussillon et fait du groupement un acteur majeur de la politique en faveur des personnes handicapées.

À part la tête, rien ne bouge dans le corps de Josiane, excepté un gros orteil. Elle passe ses journées assise sur un fauteuil roulant où un auxiliaire respiratoire actionne sa cage thoracique et l'aide à respirer. Sans le bruyant appareil, son autonomie est limitée à quelques minutes. La nuit, elle la vit à l'hôpital, dans un poumon d'acier.

La première secousse encaissée, nos premiers échanges sont sympathiques. La jeune présidente m'interroge sur mes études, mes projets. Elle paraît apprécier ma détermination. Elle me propose de rejoindre l'équipe de militants bénévoles qui animent le GIHP. Je serai tout d'abord coopté au sein du bureau, puis, à la prochaine Assemblée générale, je serai statutairement élu. Je suis emballé.

Mon immersion au sein de l'équipe du GIHP ouvre le long chapitre de ma vie militante. Débouchera-t-il sur celui de ma vie professionnelle ?

Mes premiers pas aux côtés de mes nouveaux amis débutent par un grand choc. Dès la première réunion, c'est tout le handicap, dans sa diversité, sa complexité, sa rudesse, qui me saute à la gueule. J'avais bien jusque-là rencontré telle ou telle personne concernée par une forme ou une autre de déficience, physique, sensorielle, psychique ou mentale. Là, je suis confronté d'un seul coup à six ou sept personnes atteintes par une difformité, une quasi-incapacité à s'exprimer tant les centres de la parole et les centres moteurs sont concernés, à l'incoordination des mouvements, à l'impossibilité de bouger tel ou tel membre, parfois tous. Une telle irruption, soudaine et massive, fait violence en moi. Je suis submergé par une sorte d'incompréhension douloureuse. Je ne sais pas comment me situer au sein de cette cour des miracles. Ce que je sais, c'est qu'au sortir de la réunion, ma cécité qui me paraît parfois lourde, ma cécité qui me met en rage, me semble tout à coup légère. Je n'ai jamais été aussi heureux d'être ce que je suis qu'au terme de cette première rencontre.

L'épreuve initiatique passée, se lève un énorme sentiment d'admiration, d'enthousiasme. Côtoyer régulièrement Mireille, Josiane, Martine, Colette, Philippe, Pierre, Noël, Jean-Paul... découvrir leurs aspirations et leur joie, constater leurs succès dans des parcours universitaires brillants, décuple ma propre envie de réussir et de m'engager en faveur d'une société qui s'ouvre à chacun de ses citoyens. Au fond de moi, l'épouvante des premiers instants et l'enthousiasme de la suite engagent dialogue. Si le désir de vie manifesté par mes nouveaux amis, si leur réussite universitaire plaide pour l'ouverture de la société, je ne peux nier le fait que le handicap interroge, effraie. Je rencontre la souffrance, la difformité, l'incapacité. Je pourrais être cela, je le refuse. Je ne veux pas être Jean-Paul ou Josiane. Je ne l'exprime pas, mais tout mon être intérieur le proclame.

De ce vécu, je ressors avec la certitude que le travail autour de l'inclusion des personnes handicapées exige explication, dédramatisation, rencontre. Il faut *parler les choses*, laisser se dire les peurs, les angoisses, accepter de partager le vécu.

Quelques années plus tard, Georges Frêche, maire de Montpellier, me confie la création et la direction du service municipal dédié aux personnes handicapées. J'approche d'autres situations difficiles, d'autres formes de handicap. L'expérience acquise au sein de la direction du GIHP m'aide à surmonter les haut-le-cœur, qui suivent certaines rencontres. Je suis alors en mesure de porter, en toute cohérence avec moi-même, le message de l'insertion, de l'inclusion… Quel mot choisir ? De la certitude que chaque être, quel qu'il soit, a quelque chose à dire, à offrir.

Mon travail au cœur de l'équipe du GIHP m'ouvre à la problématique de la création, de la gestion d'entreprise. En septembre 1971, le GIHP, c'est une toute petite affaire. Un chauffeur, Monsieur Lopez, un seul véhicule, une vieille estafette Renault, quelques dizaines de personnes transportées chaque jour. Évelyne, l'unique secrétaire, assure le travail administratif. Vingt-cinq ans plus tard, quand Josiane Criscuolo quitte la présidence, près de 100 personnes travaillent quotidiennement au GIHP. Plus de 30 véhicules sillonnent la région, un foyer d'hébergement et un service d'auxiliaires de vie ont vu le jour. Aujourd'hui, ces chiffres sont multipliés par trois.

Je m'associe autant que je le peux à cette construction. Imaginer les projets, en cerner la pertinence, en mesurer le coût et en rechercher les financements, fait parenthèse avec les études. Recruter les personnels, veiller au bon fonctionnement des équipes, à leur bonne cohésion, voilà qui ne s'enseigne pas sur les bancs de la faculté. Je suis là à l'école de la gestion et de la responsabilité, j'en retire de précieux enseignements.

L'affaire GIHP, c'est avant tout la rencontre de deux personnalités hors normes, Georges Frêche, élu député de l'Hérault en 1973, puis maire de Montpellier en 1977, et Josiane Criscuolo, qui règne sur l'association de 1966 à 1994. La rencontre des deux géants, chacun dans son style, la conjugaison des volontés farouches qui les habitent, dotent la ville puis l'agglomération de Montpellier d'un des plus performants services de transport pour personnes à mobilité réduite de France.

Georges Frêche est d'emblée convaincu de la pertinence de créer une structure d'importance pour favoriser leurs déplacements. Son souci d'offrir aux personnes handicapées une place de citoyen au cœur de la cité ne s'arrête pas là. Il développe une politique dynamique, globale. En 1983, la Communauté économique européenne salue l'action et fait de Montpellier l'un des douze premiers districts pilotes pour l'insertion des personnes handicapées. Je suis professionnellement engagé à ses côtés et porte avec mon équipe ce projet qui ouvre sur d'autres horizons.

L'humaniste Frêche est un redoutable animal politique. Il sait combien le soutien de certaines figures emblématiques peut contribuer avec efficacité à la pérennisation de son action. Josiane Criscuolo est ce symbole exceptionnel de l'engagement porté par Georges Frêche.

Josiane Criscuolo, c'est une intelligence fine, une force de vie, une poigne de fer.

J'ai longtemps cherché la clé pour m'aider à déchiffrer la partition de son énigmatique personnage.

La jeune femme de 34 ans, que je découvre à l'automne 1971, est d'emblée attachante, séduisante. Vêtue avec élégance, maquillée avec soin, la coiffure impeccable, un parfum raffiné, elle met en valeur sa féminité de jolie brune. La jeune étudiante algéroise a bien dû faire tourner la tête à plus d'un, avant l'irruption brutale de la maladie. Des élans du cœur d'alors, nul n'en parle. Josiane, sur son fauteuil, reste dans le désir de plaire. Converser avec elle, tout au moins lorsque son pouvoir n'est pas en jeu, est un moment agréable. La jeune femme est cultivée, le plus souvent d'humeur joyeuse et l'échange sur les grands sujets, comme sur les aspects les plus badins, peut aller loin.

L'affaire se complique lorsqu'on entre dans son domaine réservé, le GIHP, sa chose, son projet, son tout. Là, gare à celui qui s'oppose. La main qui ne bouge pas tient les choses d'une poigne de fer et peut, à tout instant, déclencher le feu nucléaire. Contre qui ? Contre qui ne cède pas à sa volonté, salariés, administrateurs, élus, pourquoi pas ministres.

Une phrase lâchée ce soir de décembre 1992 me tend une clé. Michel Delebarre, ministre au sein du gouvernement Bérégovoy, remet à Josiane Criscuolo les insignes de chevalier dans l'ordre de la Légion d'honneur. Josiane dit son histoire, la jeunesse dorée à Alger, le choc violent de la maladie, le combat livré au mal, l'aventure du GIHP, pour les autres et pour elle. Soudain, cinq mots tombent de sa bouche :

« Avant, c'était pas la vie. »

Comment comprendre que celle qui, à l'heure où elle prononce ces paroles, ne peut rien faire toute seule, sinon penser et parler – mais est-ce si peu – puisse à ce point tourner le dos aux élans de sa jeunesse algéroise pour ne reconnaître de *la vie* que ce qu'elle y met par la suite. Quasiment retirée du monde au sein duquel elle ne peut plus faire un pas, Josiane Criscuolo, sur un souffle de vie, crée le monde qu'elle façonne à sa guise.

Depuis l'irruption de la maladie, la vie de Josiane s'inscrit dans un périmètre restreint, l'hôpital, les bureaux du GIHP, l'Université.

L'hôpital, elle en fait son chez-soi. Ses proches, au premier rang desquels Christiane Montredon, la compagne vice-présidente, organisent dans la grande chambre que lui accorde l'Hôpital Public durant quarante ans, une sorte de cocon douillet et coquet. Mais au fond, l'énorme masse métallique du poumon d'acier rappelle la violence du réel.

Soir d'été, juillet fin des années soixante-dix, chaleur de fête sur la cité du Triolet. Je suis venu tout exprès depuis le Mas pour participer à la réunion du bureau du GIHP. Je grimpe prestement à l'avant du véhicule qui doit me ramener vers la gare. Le conducteur, Monsieur Raspaud, installe Josiane à l'arrière, arrime avec soin le fauteuil roulant et vérifie les branchements de l'appareil respiratoire. Il dit :

« Je ramène tout d'abord Mademoiselle la Présidente à l'hôpital puis... » Il n'a pas le temps d'achever sa phrase que Josiane le coupe sèchement :

« Non, chez moi. »

Toute la vie se joue là, entre *l'hôpital-chez-elle,* les bureaux du GIHP, son affaire. Elle se rend régulièrement à l'Université, mais travaille le plus souvent à son *domicile hospitalier*. De l'Université, elle reçoit les lauriers les plus beaux, le titre de Docteur d'État. Elle intègre alors le CNRS.

Pour le reste, quelques sorties en ville, accompagnée de Christiane Montredon, un repas au restaurant ici ou là, Mademoiselle mange comme un oiseau, un spectacle en soirée, attention à l'accessibilité des salles.

Josiane se rend deux ou trois fois par an à Paris. Ses responsabilités au sein du GIHP national l'y conduisent, elle en devient la présidente sur la fin de sa carrière associative. C'est une expédition avec autant de mesures de sécurité que pour un ministre. Il faut envisager l'hébergement en milieu hospitalier et s'assurer qu'au cours du trajet aucune rupture d'alimentation électrique ne met en péril les jours de la voyageuse.

Autour de Josiane, la famille, les parents, la sœur et quelques amis proches. Mais la personne de confiance, la confidente, l'amie omniprésente, omnipotente, c'est Christiane.

Christiane Montredon, la jeune kinésithérapeute du Centre Hospitalier Guy de Chauliac, a pris une part active à la rééducation respiratoire de Josiane. Dès cet instant, elle entre comme en religion à son service. Elle est à ses côtés, physiquement et moralement, jour et nuit. Les pieds, les jambes, les bras, les mains de Josiane, c'est Christiane. Et la tête ? Se constitue un tandem, un couple indissociable au service du projet que pousse Josiane, le GIHP, son développement, son extension.

Si la création du service de transport adapté est la pierre d'angle du projet initial, la capacité inventive de la Présidente ne s'arrête pas là. D'autres services prennent forme. Bref, pour l'autonomie des personnes handicapées, la patronne voit grand ; pour étendre son pouvoir aussi.

Le paradoxe, il en apparaît un et il est de taille, c'est que Josiane ne se risque jamais à vivre hors des murs de l'hôpital, pas même dans l'institut dont elle prend l'initiative de la création et qui s'édifie dans une petite ville des alentours du Pic Saint-Loup. À partir des années quatre-vingt, son exfiltration de l'hôpital est possible, souhaitée par le milieu médical et l'administration hospitalière. Qui refuse ? Josiane qui a peur de se risquer, Christiane qui redoute de ne plus être la seule et de ne plus avoir la main, toutes les deux ?

Josiane Criscuolo met à ses genoux la quasi-totalité de la classe politique montpelliéraine, voire de la région. Une aura l'entoure, elle se rend intouchable. Chacun sait qu'elle peut, à tout instant, déclencher une campagne de presse, organiser une manifestation en pleine place de la Comédie. Qui oserait, sans craindre de perdre la face, s'opposer à la femme à qui la vie ordinaire semble s'être refusée et qui la transcende d'une façon qui force l'admiration ?

Automne 1993, fin d'après-midi. Depuis quelques jours, le torchon brûle entre Christiane Fourteau, l'adjointe au maire de Montpellier, déléguée aux personnes handicapées, avec qui je collabore, et la direction du GIHP. Nous sommes saisis par un jeune paraplégique qui vient de trouver du travail chez un employeur de la ville. Tout serait parfait, sauf que le GIHP refuse, pour des raisons peu compréhensibles, de le transporter vers son entreprise. La pérennisation de son emploi est donc en jeu. L'adjointe au maire interpelle la Présidente, lui expose la situation et lui demande explication. Josiane Criscuolo, piquée au vif, saisit le Maire, se plaint de l'immixtion des services municipaux dans la vie de l'association. Nous sommes en mairie pour expliquer la situation à Georges Frêche. Celui-ci écoute, soudain il lâche :

« Vous apprendrez qu'en politique, on n'attaque jamais un symbole. »

Tout est dit. Le refus de manifester en toute chose le moindre désaccord avec celle qui dicte ses volontés sur tout le groupement et autour de lui, conduit au paroxysme de l'exaspération et à l'affrontement interne.

L'esprit subtil de Josiane Criscuolo, toujours en mouvement, butine ici ou là les idées novatrices qui offrent alternative à la dépendance des personnes handicapées. Elle imagine mille solutions que sa volonté implacable fait aboutir. Mais l'abeille n'est pas l'architecte. Ses mains ne peuvent actionner les outils indispensables pour gérer le quotidien de ce que l'esprit fait surgir. Alors, elle s'appuie sur la fidèle Christiane et lui confie le soin de piloter le petit navire qui grossit chaque année. Mais celle-ci n'est, pas plus que sa *patronne*, rompue aux exigences de l'exercice. Les deux femmes sont dans l'obsession de leur pouvoir. Pas question d'en confier, d'en déléguer la moindre parcelle à un tiers compétent. Alors, c'est la valse des directeurs, des salariés. On licencie pour des broutilles. Malheur au sein du Conseil d'Administration à qui s'avise de critiquer, de mettre en question certains aspects de la ligne proposée. La mise à l'écart est immédiate. Rien ne peut être refusé à Mademoiselle la Présidente, tout doit se soumettre.

Intervient alors un homme peu scrupuleux appelé, pour une brève période, à la direction du GIHP. Il autorise, il incite la Présidente et la vice-présidente à s'arroger des avantages matériels. Ceux-ci sont incompatibles avec la règlementation qui régit les associations à but non lucratif et fixe les bases de la gestion désintéressée.

L'expert-comptable du GIHP, Jean-Marie Vial, pour un temps évincé de son poste par notre homme, puis rétabli dans ses fonctions en raison de la situation économique désastreuse, m'alerte :

« Vincent, il se passe des choses graves au sein du GIHP. Il m'est impossible de les couvrir, il faut alerter le Maire. »

Le conflit éclate, violent. Au sein du Conseil d'Administration, avec le soutien de Mireille, Danielle, Philippe, Gérald et André, je prends cette fois le risque de faire entendre raison à Christiane ; et surtout à Josiane. Rien n'y fait. Des rapports sont commandités. Les conclusions sont toutes identiques. Josiane et Christiane sont nommément mises en cause, les fautes repérées sont sérieuses. Le personnel, dans sa quasi-unanimité, signe une motion de défiance, en appelle aux autorités qui financent l'association. Malgré l'évidence des rapports, la Présidente garde ses soutiens, acharnés. Des personnels subissent des intimidations physiques. Je suis menacé, jusque dans mon travail. Une seule solution s'offre à nous : saisir la justice.

La justice tranche, sans ambiguïté. Les prévenues doivent rembourser les sommes indûment prélevées à l'association, font l'objet d'une très forte amende et écopent chacune d'une peine d'un an de prison avec sursis.

Vingt ans après l'épilogue judiciaire du conflit qui a secoué la direction du GIHP, *l'affaire* reste à me tourmenter.

La question première porte un nom : *l'énigme Josiane.* Son corollaire : la relation exclusive, quasi fusionnelle avec Christiane.

Leur relation s'origine dans le combat mené par Josiane contre la maladie et ses conséquences redoutables. La jeune professionnelle, Christiane, donne beaucoup de sa toute neuve pratique, pour conserver un souffle de vie à la jeune fille brune qui la fascine, à la déesse antique qu'elle révère. Christiane, subjuguée, éblouie, comme envoûtée, se fait l'auxiliaire inconditionnelle de la *Dame*. Le combat des deux femmes est herculéen : c'est le combat pour la vie. Rien ne se construit hors de cette arène.

Néanmoins, le lien devait-il exclure tous les autres du projet en construction, des responsabilités à prendre, du pouvoir à exercer ? Depuis ma place, spectateur du drame, acteur engagé dans la vie du GIHP, mais extérieur au nœud gordien qui lie les deux femmes, j'évalue les conséquences : des personnels et des adhérents traumatisés, des finances exsangues, le projet sur le point de s'effondrer ; et les inséparables arrêtées au bord du gouffre.

L'imagination créatrice, le caractère besogneux sont de belles choses, les compétences en gestion et en animation des équipes salariées sont tout autres. On reste surpris que l'intelligence fine de Josiane n'ait pas saisi la nécessité absolue de confier, à des tiers compétents, la gestion quotidienne de l'œuvre magnifique qu'elle a fait naître.

Au fil de mon chemin d'écriture, le sens profond des choses se révèle progressivement. Le drame vécu par les deux femmes, et par nous qui les avons accompagnées, s'est joué sur une autre scène, celle de la passion.

Rage de vivre, volonté farouche de revanche, frénésie du pouvoir. Les composantes de la pièce sont là :

Je commande, donc j'existe, malgré la maladie, le corps figé, le poumon d'acier. Ce pouvoir, c'est ma vie.

Une deuxième question me taraude : que se passe-t-il entre les politiques, les décideurs et les personnes handicapées, les figures emblématiques ? Il y a, dans l'affaire GIHP, quelque chose de malsain, de lâche. Admirer jusqu'à la fascination un être fort, symbole de la victoire sur la maladie, le handicap le plus extrême, s'entend. Ce sentiment exonère-t-il pour autant de toute critique, de toute parole vraie ? La personne handicapée est d'abord une personne. Elle pose avec raison la question de sa citoyenneté au travers d'une égalité vraie des droits et des chances. Mais la citoyenneté, c'est aussi le respect de la Loi, de la règle, c'est le respect d'autrui, et ça, ça vaut pour tout le monde. La Boétie voici près de cinq siècles posait déjà la question :

« Peut-on avaliser la tyrannie, la mystification ? »

Derrière le masque du prestige, derrière l'invocation du bien public, panneau dans lequel beaucoup sont tombés, derrière le masque d'un bien pour les faibles, une femme avance les pions de sa manipulation à des fins intimes. Les autres sont intéressants en tant qu'ils sont ses obligés, soutiens à sa survie. Ses actes tyranniques, elle ne pouvait pas les voir, cela aurait porté atteinte à son aura. Autour d'elle, et à commencer par le Maire, nul ne pouvait les reconnaître, cela leur aurait révélé leur complicité avec le tyran. Et nous, administrateurs, qui avons adhéré au fond du projet associatif, nous avons trop longtemps, par notre comportement courtisan, légitimé son pouvoir, même si c'était celui d'être vivante.

Lorsque les faits délictueux ont été avérés, lorsque la survie du GIHP était en question, il fallait avoir le courage de parler vrai à Josiane et à Christiane, de leur rappeler le cadre qui régit le bon fonctionnement de toute institution, de les ramener en quelque sorte, au cœur du réel. Quelques professionnels, au premier rang desquels

Jean-Marie Vial, dont l'amitié qui nous lie s'enracine dans cette épreuve, se sont risqués à cette parole de vérité. Un seul homme politique, un seul, le Sénateur André Vezinhet, alors premier adjoint à Georges Frêche, a eu cette force morale, ce courage. Merci à lui. C'est à cet ami que nous devons le dénouement favorable de l'affaire et je lui dois sans doute la poursuite sans dommage de ma propre carrière professionnelle. On ne respecte pas une personne handicapée en lui mentant, en cédant à ses délires. On révèle seulement ses propres zones d'ombre.

L'affaire GIHP, c'est avant tout une formidable aventure humaine qui m'ouvre à la rencontre de femmes et d'hommes meurtris dans le corps, mais qui témoignent d'une force de vie peu commune. Moments partagés dans les véhicules, les bureaux, l'université ou les soirs de fête, moments de vie, de pleine conscience de l'humain et de ses drames, moments d'espérance.

C'est aussi une école pratique peu commune pour approcher ce qui a trait à la conduite des affaires du monde et de l'entreprise, même quand celle-ci s'organise sous forme associative. C'est enfin et surtout une confrontation singulière à l'humain dans toute sa complexité tout en ombre et lumière. Au cœur de cette confrontation, l'homme se fait.

LE DÉFI IPS

Montpellier, lundi 24 novembre 1980. Il doit être un peu plus de dix-huit heures quand, accompagné de Cathy, ma collaboratrice, j'entre dans la grande salle de la Maison pour Tous Léo Lagrange de la Paillade. Mes collègues sont réunis autour de la table. Il y a là Bernard André, Solange Alidière, Simone Bousquet, Gérard Congras, Georges Courbot, Jean-Louis Diéner, Charles Foxonet, Jean-Pierre Galtié, Martine Mahé, Dominique Madelrieu, Robert Turchetti et quelques autres. Que Dieu me pardonne si j'oublie quelques noms. Jean-Louis prend la parole :

« Vincent, à l'unanimité, nous venons de te désigner Président de l'Institut de Promotion Sociale. » Et me voilà embarqué, presque malgré moi, mais pas contre mon gré, dans une aventure singulière, dans un défi qu'ensemble nous allons relever.

Trois lettres un peu énigmatiques, IPS, trois lettres pour illustrer trois mots, Institut de Promotion Sociale, intitulé d'un élan, d'un défi, d'une espérance. Nul besoin d'être devin pour saisir que le sigle fait référence au champ social. IPS est le lieu, le creuset de pensées et d'actions au cœur duquel s'enracine, s'échafaude une ambition : proposer aux personnes handicapées, quelles qu'elles soient, une démarche de promotion par la formation et le travail.

Novembre 1980, le moment n'est pas neutre. La France vit dans l'espoir du changement et attend dans la fébrilité les prochaines échéances électorales.

Depuis quelques années, la gauche a le vent en poupe. Les élections municipales de 1977 ont vu une formidable poussée des forces du changement. Nombre de grandes villes ont basculé dans l'escarcelle de l'Union de la Gauche. À Montpellier la bourgeoise, Georges Frêche s'est emparé de la mairie et, ici, le changement est tangible.

La poussée électorale du camp du progrès n'est pas le fruit du hasard. Elle s'inscrit dans un profond bouillonnement des idées, dans une remise en cause des vieux schémas de pensée. Au fond, le 10 mai 1981 a bien hérité de quelques fulgurances du 10 mai 1968.

Dans le champ du handicap, l'effervescence est tout aussi sensible. Nombre d'associations de parents ou d'usagers ont été créées, les citoyens prennent la parole, s'emparent des problèmes qui les concernent, proposent des solutions.

Le 30 juin 1975, un Premier ministre de droite, Jacques Chirac, sous une présidence de centre droit, celle de Valéry Giscard d'Estaing, fait voter, à la quasi-unanimité de l'Assemblée nationale, la première grande Loi d'Orientation destinée aux personnes handicapées. La ministre directement responsable du dossier est Simone Veil.

Ce texte est le fruit d'un long et fructueux dialogue entre les grandes associations représentatives du monde du handicap, les forces économiques et les pouvoirs publics. C'est une révolution qui s'esquisse. Enfin, des droits sociaux, économiques, sont reconnus à des millions de personnes jusque-là exclues de la société. Les concepts d'insertion, d'intégration fleurissent. On parle d'accessibilité, de droit à la compensation, ça bouge.

C'est dans ce contexte favorable, porteur, que s'origine notre démarche collective. Celle-ci repose sur une conviction partagée par des fonctionnaires, des responsables de services médico-sociaux, des formateurs, des personnes directement concernées par le handicap. Chaque femme, chaque homme, pourvu qu'il soit préparé, accueilli, accompagné, peut trouver sa place au cœur de la vie ordinaire, au sein de la cité. La formation professionnelle, l'accompagnement psychologique, l'ergonomie des postes de travail, voilà quelques-uns des outils disponibles pour aller vers l'intégration. L'initiative IPS poursuit donc un double objectif :

Améliorer la formation des personnes handicapées et créer une entreprise susceptible de procurer du travail à ces mêmes personnes dans un contexte d'économie ordinaire. Ce dernier élément constitue un point fort de la démarche. Il s'inscrit dans le courant de désinstitutionalisation qui caractérise la période. Pour nombre d'acteurs du social, il faut en finir avec toutes les formes d'enfermement, que ce soit dans le domaine des soins ou dans celui du travail. L'atelier protégé, le Centre d'Aide par le Travail, voilà l'ennemi, tout comme, dans un autre domaine, l'hôpital psychiatrique avec ses pavillons fermés. En cela, IPS se définit comme un projet d'économie sociale qui s'intègre dans le courant progressiste du moment.

Les idées sont là, mais tout est à construire. Nous ne disposons d'aucun lieu pour poser le siège de la toute jeune association. Pour l'heure, c'est la Maison pour Tous de la Paillade qui accueille nos réunions. Lorsque nous passerons à la phase active, cette situation ne pourra pas perdurer.

Pas de lieu, mais pas davantage d'argent, de fonds propres selon le langage des gens de l'entreprise. Ce ne sont pas nos maigres cotisations qui permettront de lever les sommes nécessaires à la création des structures constitutives du projet. Passe encore pour la formation financée par l'État et la Région, mais pour l'entreprise, c'est une autre histoire. Alors, chacun prend sa part du travail et, pas à pas, l'édifice se construit.

L'appui de Georges Frêche est déterminant. Il nous permet d'installer l'association dans des locaux désaffectés encore détenus par l'armée, sur l'avenue du Pont Juvénal. Il n'hésite pas à apporter les premières subventions. Elles permettent de financer les investissements initiaux et, en cela, lancent concrètement notre affaire.

Les premiers contacts avec la Région, qui gère une bonne partie des crédits de la formation, sont encourageants ; avec l'administration d'État, la partie est plus rude. Fort heureusement, la victoire de François Mitterrand le 10 mai 1981 modifie sensiblement la donne.

Pour ma part, c'est à l'automne de cette même année 1981 que j'intègre l'équipe de la mairie de Montpellier. Georges Frêche me confie la mission de créer et de diriger un service destiné aux personnes handicapées de la ville, chargé tout à la fois d'appréhender et d'atténuer leurs difficultés quotidiennes et d'élaborer une politique municipale cohérente et globale dans ce domaine. La confiance que m'accorde le Maire est un atout incontestable pour la jeune association. L'avenir le révèle. Et, pas à pas, les choses avancent.

À l'automne, les premiers cycles de formation sont ouverts, le projet d'entreprise se précise.

Tout cela prend du temps. Il faut recruter les personnels, définir les grands objectifs, assurer la gestion quotidienne. Les réunions de bureau ou du Conseil d'Administration sont interminables. Elles avalent nombre de nos soirées et parfois nos week-ends. Notre groupe d'administrateurs est certes motivé, néanmoins son inexpérience en matière de gestion d'entreprise est patente. Par contre, les compétences du groupe sont avérées en matière d'accompagnement des personnes. Gérard Congras, fonctionnaire à la Direction départementale du Travail, nous est précieux par ses connaissances des dispositifs règlementaires. Simone Bousquet, Charles Foxonet, tous deux impliqués dans le suivi des personnes porteuses d'un handicap psychique, nous font partager leur forte expérience. Le docteur Bernard André, médecin du travail, dispose d'un vécu riche qui éclaire.

Début 1982, le projet d'entreprise est finalisé. IPS-Atelier se définit comme une structure prestataire de services et s'apprête à intervenir dans le domaine du nettoyage de locaux ainsi que dans l'entretien d'espaces verts. Les premières équipes de travailleurs sont recrutées, le pourcentage de personnes handicapées est très élevé et la part des handicapés psychiques est importante. L'équipe de suite de l'hôpital psychiatrique de la Colombière, animée par Simone Bousquet fait largement appel à nous, tout comme le centre Henri Wallon au sein duquel intervient Charles Foxonet.

Des chantiers sont trouvés. Grâce à Roger Fages, le Directeur d'une caisse de retraite complémentaire, le groupe CRI, nous obtenons un contrat intéressant. Là, le travail s'effectue dans la sérénité grâce à la bienveillance du commanditaire, qui sait présenter à ses personnels le sens de notre démarche.

Le message passe, nous sommes et serons toujours bien accueillis. Georges Frêche nous permet de décrocher un marché d'une tout autre ampleur. En sa qualité de Président du Centre Hospitalier Régional Universitaire de Montpellier, il nous ouvre le contrat d'entretien du Centre Administratif André Benech, siège social du CHRU. C'est un apport en matière de travail assez extraordinaire, qui vient à point nommé dans le développement du volume d'activité de l'entreprise.

Cependant, les beaux messieurs et les belles dames qui administrent le prestigieux centre hospitalier de Montpellier n'accueillent pas à bras ouverts, c'est le moins que l'on puisse dire, ces personnes, parfois un peu bizarres, sorties de l'hôpital psychiatrique tout proche ou porteuses de handicaps sociaux dont l'apparence dérange.

Contrairement à ce qui se déroule sur le chantier voisin de la CRI, l'accueil est ici hostile. Plusieurs fois, la direction administrative tente de rompre le contrat qui ne résiste que grâce à la pugnacité du Maire-Président. La direction de l'hôpital ne se contente pas de manifester son hostilité. Elle paie avec plus de six mois de retard et menace concrètement l'équilibre financier très fragile de la jeune structure.

Là encore, il nous faut l'appui de Georges Frêche et je dois me rendre à Paris, rencontrer Christiane Dolhander, la collaboratrice directe de Pierre Bérégovoy, ministre de la Solidarité nationale et de la Santé, afin de tenter de résoudre la situation. Nul n'est prophète en son pays, au CHRU de Montpellier, l'adage s'est vérifié.

C'est bien un défi que nous relevons. En d'autres temps, les personnes qui travaillent à IPS-Atelier ou qui suivent nos cycles de formation se trouveraient soit au chômage, soit à l'hôpital psychiatrique, ou encore dans un centre de travail protégé. Remettre ces personnes dans le circuit économique et social ordinaire ne procède pas d'une marche linéaire. Il y a des périodes fastes où tout semble progresser rapidement. Suivent des phases plus difficiles où les progrès paraissent remis en question, anéantis. Lorsque l'accueil est favorable, compréhensif, bienveillant, les choses se passent au mieux et les jeunes femmes, les jeunes hommes avancent dans la réappropriation de leur vie. Quel enthousiasme de découvrir l'évolution de Jacqueline, de Patricia, de Bruno, d'Alain et de tant d'autres. Lorsqu'il m'arrive, trente ans après, à l'occasion d'une rencontre furtive dans le tramway de Montpellier, de recevoir un témoignage de gratitude de l'un d'entre eux, il m'est difficile de cacher mon émotion.

Notre inexpérience en gestion est flagrante et engendre tout à la fois débats internes et mesures drastiques. Le souci de réhabilitation de l'homme en souffrance, conduit notre petite équipe à privilégier la qualité des relations humaines aux contraintes des règles de bonne gestion. Cette tendance se vit jusque dans le choix des femmes et hommes appelés à diriger les différentes structures de l'association.

C'est ainsi que nous choisissons pour diriger IPS-ATELIER un ingénieur réfugié politique chilien, Manuel Strange. L'homme, ancien collaborateur du Président Salvador Allende, est délicieux. Profondément impliqué dans le projet, il met dans notre aventure toutes ses convictions, toute son énergie. Seulement Manuel, homme qualifié pour concevoir de grands projets miniers, ne dispose pas de la rigueur de gestion pour diriger une petite équipe de travailleurs aux parcours difficiles. Je garde en mémoire la réponse faite à plusieurs reprises lorsque je lui demandais l'état de la facturation ou celui des stocks :

« L'état des stocks, je l'ai dans ma tête. » L'expert-comptable et le banquier ne l'entendaient pas de cette oreille ! Il fallut, sous peine d'aller à la catastrophe, prendre des mesures de restructurations énergiques et nous séparer de quelques collaborateurs peu qualifiés. La survie du projet est à ce prix.

Ce qui frappe, tout au long de l'aventure, c'est autant le formidable élan de solidarité suscité que certaines oppositions farouches.

6 novembre 1983. IPS traverse une passe délicate. La remise au travail de personnes depuis trop longtemps éloignées de l'activité ne va pas sans aléas. Si l'on y ajoute nos tergiversations dans la conduite des opérations, on ne sera pas

surpris de se trouver, soudain, au bord du précipice. La trésorerie est exsangue et ce d'autant plus que l'Hôpital ne paie toujours pas. Alors, il faut trouver des ressources propres.

Un ami, prêtre et organiste, Jacques Bétoulières, propose d'organiser un concert d'orgue à la cathédrale Saint-Pierre de Montpellier. Un concert d'orgue ! On rassemblera bien deux ou trois cents personnes et on récoltera sans doute quelques milliers de francs, c'est toujours ça. La veille, en partance pour Paris où je vais au Ministère tenter de faire payer l'Hôpital, je croise Georges Frêche à l'aéroport. Il tient dans ses mains le journal Midi-Libre. Il me dit : « Tu as un formidable article ce matin, tu auras du monde demain soir et j'y serai. »

21 heures : le concert débute, la cathédrale est comble, plus de mille personnes s'y pressent. Georges Frêche, l'évêque Monseigneur Louis Boffet, le banquier, de hauts fonctionnaires de la direction du travail et de la direction des affaires sociales sont là. Au moment de prononcer mon discours, j'ai presque les larmes aux yeux. Quand s'achève la dernière pièce, *Lutte* de Jehan Alain, un tonnerre d'applaudissements secoue les voûtes de la vieille cathédrale qui en a vu bien d'autres pourtant.

Le lendemain, à la première heure, le Directeur de la Banque populaire, Monsieur Munich m'appelle :

« Monsieur le Président, c'était extraordinaire hier soir, je suis bouleversé. » Quand, deux ou trois heures plus tard, je me rends à la banque pour y déposer la recette de la soirée, qui dépasse très largement nos espérances, le même directeur me fait entrer dans son bureau.

« C'était magnifique cette soirée, ce que vous faites avec vos amis est remarquable. Vous êtes soutenus et moi aussi, de ma place, je vous soutiendrai. » Et il tient parole et évoquera souvent ce grand moment.

Le soutien populaire est une étape décisive dans la poursuite de notre aventure. Le projet est regardé comme novateur, jusqu'au ministère qui, faute de pouvoir bouger les caciques de l'Hôpital, nous accorde une belle aide financière. L'unanimité n'est pourtant pas de mise.

Toujours en 1983, la Ville de Montpellier se voit décerner par l'Union Économique européenne le titre de district pilote pour l'intégration des personnes handicapées. Douze sites sont distingués dans toute l'Europe ; seulement deux en France, dont Montpellier.

Le dossier, construit à cette occasion par l'équipe de cinq personnes qui m'entoure à la mairie, vit autour de propositions élaborées par l'Institut de Promotion Sociale et par l'APAJH de l'Hérault, qui porte le Centre Henri Wallon. Y figurent des cycles de formations à destination des personnes handicapées inscrites dans le secteur du travail protégé. L'Europe apporte une enveloppe financière importante, que la Région complète grâce aux crédits de la commission formation à l'intérieur de laquelle agit André Vezinhet, adjoint au maire de Montpellier. Les résistances sont vigoureuses. Les responsables d'établissements redoutent de voir filer vers le secteur économique ordinaire les plus performants de leurs travailleurs. Les mêmes directeurs, soutenus par quelques parents, refusent d'admettre la capacité des personnes concernées de vivre comme tout un chacun, en entreprise et en logements autonomes. Les soubresauts sont nombreux, les affrontements sévères. Au final, c'est une réussite : pour beaucoup, la porte s'ouvre. Quelques années plus tard, la droite prend le pouvoir à la Région, coupe les crédits, brise l'élan.

IPS avance, désormais rien ne l'arrête. À la fin 1984, le centre de formation et l'entreprise ont pris leur rythme de croisière. Les finances, même modestes et fragiles, permettent de joindre les deux bouts. Le temps est venu de passer à autre chose, de voir plus grand.

Premier changement, on déménage. Les locaux du pont Juvénal sont trop exigus et la Ville s'apprête à les reprendre dans le cadre de ses grands projets urbains. Georges Frêche et André Vezinhet nous proposent de nous installer à la Paillade, dans des rez-de-chaussée d'immeubles aménagés pour nous par l'OPAC de Montpellier. La proposition est intéressante sur le plan économique, les loyers resteront modérés, et recréer de l'emploi dans le quartier populaire de la Paillade fait sens. C'est une quarantaine de personnes qui, avec IPS, s'apprête à rejoindre le square Jupiter.

L'affaire est rondement menée. Pourtant, à quelques jours de notre installation, l'association des locataires de la cité, animée par une présidente peu ouverte aux politiques d'insertion, vient tout chambouler. Des propos hostiles aux personnes handicapées et tintés d'un racisme anti-maghrébin fleurissent.

À l'heure de l'inauguration, Georges Frêche est parmi nous. Il s'avance à mes côtés pour couper le ruban et ouvrir la porte. La porte, il l'ouvre physiquement et moralement. Sa confrontation avec les protestataires du quartier est sans ambiguïté. Les mots sont clairs et son apostrophe en direction de Madame Laurent ne laisse personne indifférent :

« Madame, la ville est ouverte à tous et l'on mesure le degré d'évolution d'une société à la place qu'elle réserve à ses membres les plus fragiles. Les personnes qui travaillent à IPS seront ici chez elles, au cœur de ce quartier, au cœur de votre cité, quoi que vous en pensiez. Et si vous votez demain contre moi, j'en serai fier. Je n'ai que faire de voix qui rejettent l'autre, qui ferment la porte aux personnes handicapées ou aux étrangers. »

Voilà qui est dit. Vis-à-vis des personnes handicapées, des gitans, des harkis, des immigrés, la parole et la pratique politique de Georges Frêche ne varieront jamais, n'en déplaise aux commentateurs adeptes de la langue de bois ou prompts à créer le scandale.

Changer de lieu ne comble pas notre désir créatif. Deuxième étape, nous voulons aller plus loin dans la démonstration de la capacité des travailleurs handicapés à tenir des emplois plus qualifiés que ceux proposés par notre entreprise de nettoyage. Nos regards se portent vers l'industrie.

Au début des années quatre-vingt, la question de la régénération des déchets produits par nos sociétés commence à se poser avec acuité. IPS contacte divers entrepreneurs, chercheurs. Nous rencontrons un cabinet d'experts de la région de Lyon, l'APREDE, dont l'ingénieur en chef, Jacques Fontaine, nous parle de la régénération des matières plastiques, plus précisément des films en polyéthylène.

Soutenus par l'ANVAR, Agence Nationale pour la Valorisation de l'Innovation, nous recrutons un chargé de mission, Jean-Jacques Chevallier, lui aussi ingénieur. Sa mission : réfléchir à la construction d'un projet industriel qui permettrait d'intégrer au moins 50 % de personnes handicapées parmi le personnel. Le projet Dynergie va naître.

Il y a de la hardiesse et de l'énergie dans le nom que nous propose l'agence Havas Conseil de Montpellier. Animée par un jeune dirigeant de talent, Alain Huppé, et ses collaborateurs, au premier rang desquels Pascal Hébrard, l'équipe s'investit dans notre belle ambition. Quelques années plus tard et dans d'autres occurrences, je retrouve

Pascal qui devient mon infatigable compagnon de route. Il le demeure aujourd'hui.

Le schéma industriel de Dynergie est simple. Il s'agit de récupérer les films en polyéthylène usagés rejetés par l'agriculture de notre région. Les campagnes en regorgent et cette pollution a maints effets négatifs. Les films, une fois récupérés, sont nettoyés, broyés et, grâce à un procédé bien maîtrisé par les industriels spécialisés, transformés en films régénérés utilisables pour tout ce qui ne touche pas aux produits d'alimentation. Notre idée : les valoriser en sacs-poubelles, idée qui donne naissance au slogan médiatique de notre initiative : « L'affaire est dans le sac » !

Ici, rien de très révolutionnaire. Le procédé technique est maîtrisé, les Italiens sont experts en la matière. Les machines requises pour le travail sont éprouvées et fiables. Sur le plan industriel, aucune inquiétude, nous ne partons pas dans l'inconnu.

Nous avons l'idée, nous connaissons le schéma de production, nous disposons de l'étude de marché effectuée par Jean-Jacques Chevallier. Les débouchés existent et à un prix raisonnablement rémunérateur. Alors, on peut y aller ! Reste à trouver l'argent, et ça, c'est une autre histoire.

Il ne s'agit plus d'acquérir quelques gros aspirateurs pour l'entreprise de nettoyage ou quelques véhicules.

Il faut construire une usine, acheter de puissantes machines et mettre en place le dispositif de collecte des déchets. On ne compte plus en centaines de milliers de francs, mais en millions.

Nos chances de succès reposent sur notre capacité à faire naître autour du projet, qui allie promotion sociale, amélioration du commerce extérieur du pays et action écologique, un fort courant de sympathie en région, voire en France. Pour cela, une arme absolue, la communication. J'en découvre la force en cette occurrence. Le document rédigé par Havas-Conseil sait mettre en exergue nos points forts.

La presse régionale, le quotidien Midi-Libre en tête, se mobilise instantanément. Madeleine Attal, grande dame de la Radio, qui dirige Radio-France Hérault, nous ouvre grand les antennes. Un jeune journaliste de talent, Robert Ménard, se dépense sans compter. La presse nationale emboîte le pas. Je suis invité à passer sur France-Inter dans l'émission économique : *Rue des entrepreneurs.* Le titre de la séquence : *Il y a de l'or dans nos poubelles.* Yves Mourousi me fait l'honneur d'une interview. Je suis dans l'effervescence du matin au soir.

Pour trouver l'argent nécessaire, il faut pêcher quelques gros poissons. La Fondation de France nous apporte son concours et, encore une fois, Georges Frêche est aux premières loges. Il nous propose, pour un prix symbolique, un terrain sur la zone industrielle d'une commune de l'agglomération, Vendargues. Comme pour notre arrivée à la Paillade, la possible implantation d'une structure ouverte à des personnes handicapées agace les élus de droite de la commune voisine, le Crès. La bataille est rude, les préjugés, c'est comme le chiendent, ça résiste, quand on les croit morts, ils reviennent plus forts.

Les soutiens régionaux, pour aussi solides qu'ils soient ne suffisent pas. Dans ce vieux pays centralisé qu'est la France de 1986, l'appui de l'État est indispensable afin que l'idée novatrice devienne réalité.

Alors, j'ose m'adresser au Président de la République, François Mitterrand. Je rédige un courrier argumenté et glisse dans l'enveloppe la belle plaquette de présentation. La réaction ne tarde pas. Madame Ségolène Royal, conseillère du Président pour les questions sociales, me propose un rendez-vous au Palais de l'Élysée.

Matin de printemps, Paris sous le soleil, rue du Faubourg Saint-Honoré bruissante de voitures officielles. Intense émotion lorsque, au bras de Cathy, je franchis la porte qui ouvre sur la cour d'honneur. Je suis introduit dans le bureau où Madame Royal me reçoit.

L'enjeu est d'importance. Un instant, je ne parviens pas à contenir mon imagination, à l'empêcher de voguer quelques instants au travers des murs du Palais présidentiel. L'Histoire, la Grande Histoire de France, s'est jouée en partie là, dans ce lieu qui me reçoit l'espace d'un matin, depuis l'abdication finale de Napoléon jusqu'à l'installation du général de Gaulle en décembre 1958. Et entre-temps, deux guerres mondiales, des conseils des ministres dramatiques. La gaudriole, quand un président meurt dans les bras de sa maîtresse. Quel remue-ménage intérieur.

À quelques pas de nous, le *Prince* préside le Conseil des ministres. Comme j'aimerais me lever de mon siège, courir, pousser les portes et pénétrer dans le salon Murat pour entendre François Mitterrand, l'homme qui a rassemblé le Peuple de Gauche et l'a ramené au pouvoir, débattre des affaires du pays et du monde !

Ce n'est pas de la France que je suis venu parler, mais de Dynergie, ce défi qu'avec quelques amis je porte au nom de la citoyenneté des personnes handicapées. Alors j'explique. Madame Royal écoute, elle connaît le dossier, l'a épluché, pose les bonnes questions. La plaquette de présentation ? Elle ne l'a pas eue entre les mains, elle est restée sur le bureau du Président. Par contre, elle a analysé tout le reste.

« Monsieur, le Président souhaite ardemment la réussite de votre initiative. Il m'a demandé de vous aider en ce sens. Je vais vous mettre en relation avec ma collègue, Sophie Boucher qui, à la présidence, s'occupe des questions industrielles. Pour un dossier de cette nature, il vous faut un partenaire industriel. Moi, je vais saisir le Ministère du Travail, les Affaires sociales et la Solidarité afin que toutes les aides possibles soient mobilisées. Je vous tiendrai informé régulièrement et n'hésitez pas à me contacter. »

Ségolène tient parole, elle aurait mérité d'être la marraine de Dynergie si...

Je sors du rendez-vous transporté d'enthousiasme. Dans la cour, je suis interviewé par un journaliste de Radio-France Hérault, je passe en direct dans le journal de midi. La vague gonfle.

Les événements s'accélèrent, je rencontre Sophie Boucher. Nous prenons contact avec de grands patrons de l'industrie, Rhône-Poulenc, Saint-Gobain. Le Directeur de la Caisse Régionale du Crédit Agricole, Monsieur Masseboeuf, me reçoit pendant deux heures. Le fils d'Henri Michel, le vigneron, n'en revient pas de se trouver au cœur d'un tel tourbillon. J'ai même un entretien furtif avec Bernard Tapie, dans sa voiture. Le saltimbanque des affaires promet, mais ne fait rien. Tant mieux.

Au terme de plusieurs mois de recherches et de tractations, c'est la Société des Ciments français qui s'avance pour être le partenaire industriel de Dynergie. Le contact avec l'entreprise est établi sous l'égide du Ministère du Travail et de l'Emploi. Le groupe cimentier vient de solliciter des pouvoirs publics d'importantes aides afin de financer un programme de mise en préretraites de plusieurs centaines de salariés. En contrepartie de l'accord ministériel, les pouvoirs publics exigent que Ciment français participe à des actions de création d'emplois et, si possible, soutienne des initiatives innovantes.

Je rencontre Jean-Claude Bastide, le numéro deux du groupe, Armand Corviole, et quelques autres dirigeants. Ciment français se dit intéressé, étudie le dossier, puis s'engage. L'accord est cependant assorti d'importantes garanties qui, le moment venu, auront leur importance.

Le groupe prend tout d'abord la majorité du capital de la nouvelle société, soit trois millions de francs. IPS sera le second grand partenaire avec 40 % des parts, deux millions quatre cent mille francs, la totalité des sommes qu'à force de travail, nous avons réussi à rassembler. L'APREDE se réserve les 10 % restants sous forme d'apport en compétence : son savoir-faire en ingénierie.

Ciment français exige de nommer le Directeur général. Ce sera Armand Corviole, jeune cadre ambitieux et sûr de lui. IPS propose pour le poste, la candidature de Jean-Jacques Chevallier. L'homme a monté l'ensemble du dossier, réalisé l'étude de marché et supervisé les premiers plans industriels de l'usine. Ingénieur chimiste, sérieux et convaincu, il dispose d'autres compétences que le protégé des cimentiers. Mais sur ce point, première bataille perdue et défaite lourde de conséquences. Pour ma part, je suis proposé au poste de Président-Directeur Général, PDG s'il vous plaît, mais non rémunéré, les gens du social, ça travaille pour rien, c'est bien connu.

Le groupe industriel impose son propre banquier, la Société Générale, comme banque principale. IPS entre au Conseil d'Administration en la personne de Charles Foxonet qui, après un long débat interne, est préféré par l'association à Simone Bousquet. IPS se voit chargé de gérer le dossier de recrutement et de formation du personnel.

Tout est en place. Les exigences du partenaire industriel sont importantes, comment faire autrement. Le groupe prend la responsabilité industrielle de l'affaire, cautionne le dossier économique et bancaire. Il met en compte courant associé les sommes nécessaires à l'investissement et aux premiers mois de fonctionnement. Malgré sa position dominante, nous sommes en confiance.

Et les choses avancent. Printemps 1986, la première pierre de l'usine est posée. Je prononce dans l'allégresse le discours d'usage. Tous les politiques de la région, le Préfet sont autour de moi. Je glisse dans la pierre prévue à cet effet le tube contenant le parchemin qui date l'événement.

IPS commence à travailler sur le dossier du recrutement et de la formation, les objectifs sont respectés, on est dans les temps, tout se déroule comme prévu.

Chacun sait que le diable se cache dans les détails, au reste, s'agit-il d'un détail ?

L'usine prend forme, le Directeur général Corviole s'emballe. Il se prend à voir grand. Il imagine une autre valorisation des plastiques retraités. Jacques Fontaine vend au jeune audacieux l'opportunité de modifier la ligne de fabrication, dite ligne d'extrusion. À la place de la première extrudeuse, il placera un mélangeur. La modification permettra de fabriquer ce que les chimistes appellent des *compounds*, c'est-à-dire des mélanges de matières. L'ambition de Corviole consiste à incorporer ces fameux compounds dans des matériaux modernes de construction afin d'en améliorer les performances mécaniques. L'affaire pourrait s'avérer plus rentable qu'initialement prévu.

L'idée est séduisante, encore faut-il que la technique suive ; et la technique ne suit pas.

Début 1987, les personnels sont recrutés, formés. L'équipe semble solide. La symbiose entre les travailleurs handicapés et les autres est réussie. L'usine, elle, ne tourne pas. Les premiers essais sont décevants. Les films produits sont inutilisables alors que les stocks de plastiques à traiter sont pleins et que les premières commandes arrivent. Le démiurge qui préside à la modification des installations techniques jure ses grands dieux qu'il va y arriver, qu'il lui faut du temps et de nouveaux moyens pour modifier certaines lignes en aval du mélangeur récalcitrant. Été 1987 rien ne marche, l'usine paie ses salariés, mais ne produit pas, c'est la crise.

Le numéro deux du groupe, Jean-Claude Bastide, commandite une analyse technique approfondie auprès de l'un de ses amis, Jean-Claude Alexandre, ingénieur-conseil au tribunal de commerce de Paris. Le rapport est sans ambiguïté. La modification du schéma industriel initial est cause de l'échec. Alors que la technique recommandée dans le dossier de base élaboré sous la direction de Jean-Jacques Chevallier est expérimentée et fonctionne partout, les modifications apportées par Jacques Fontaine et validées, encouragées, par Armand Corviole, mènent dans le mur.

Dès lors, deux solutions s'offrent à Dynergie et à la Compagnie des Ciments français. Revenir au projet initial et accepter les lourds investissements indispensables ou procéder au constat d'échec et mettre fin à l'aventure.

De dures négociations s'engagent. IPS fait valoir l'erreur commise par le partenaire industriel et son représentant, le Directeur général. Une première réunion, à Nîmes, où Charles Foxonet m'assiste, est particulièrement tendue. Jean-Claude Bastide et ses collègues des Ciments français, agacés par notre ténacité, semblent ébranlés. Notre argumentation est solide, quasi irréfutable. Rien n'est décidé.

Georges Frêche est sollicité par les deux parties en présence. Il saura prendre au maximum la défense des intérêts d'IPS. Pourtant, il ne peut imposer à un grand groupe industriel de réaliser les investissements colossaux indispensables au redémarrage de l'usine.

Fin 1987, je suis invité à une réunion finale à Paris. Je suis seul. Charles n'est pas à mes côtés. Je tente une dernière bataille, rien n'y fait. IPS sera dédommagé et retrouvera environ 80 % de sa mise initiale. Dynergie est perdue, les personnels licenciés, et le rêve s'effondre.

« Si tu veux manger avec le diable, il te faut prendre une longue cuillère », dit mon amie Simone. Elle a bien raison. Il faut regarder la catégorie du boxeur qui vous fait face. Le droit était pour nous, l'argent et la puissance financière étaient chez eux. Et l'argent, c'est plus important que les hommes, non ? En d'autres temps, nous aurions pu, peut-être, en appeler au ministère qui avait favorisé la conclusion du partenariat ou tenter de mobiliser l'opinion publique. En décembre 1987, la droite, revenue au pouvoir, se mêlait bien peu de contrarier les grandes entreprises. Au reste, Ciments français aurait fait valoir qu'il avait tenu l'engagement pris auprès du Fonds National pour l'Emploi et que l'expérience s'était soldée par un échec technique. Et voilà comment Ségolène Royal n'est pas devenue la marraine d'un beau projet d'économie sociale et écologique. Dommage pour elle, elle s'était tant investie dans la réussite de notre affaire.

Le projet Dynergie rangé au musée de notre petite histoire, IPS reprend sa marche quotidienne. J'en assure la présidence jusqu'en 1993 et reviens pour un an aux affaires en 1995. Les leçons de l'échec sont retenues. Notre

Conseil d'Administration s'élargit à des personnalités du monde économique. L'entreprise prestataire de services se détache de l'association et se constitue sous forme de Société à Responsabilité Limitée, *SARL CLAIR ETIC*. Tel est le nom choisi pour la nouvelle entité qui s'attache à respecter les objectifs sociaux initiaux en matière d'insertion des personnes handicapées. La société emploie aujourd'hui une cinquantaine de personnes, fidèle à la parole donnée par Jean-Paul Puget, qui en a pris la responsabilité. Le centre de formation d'IPS fermera ses portes à l'orée des années 2010.

L'aventure vécue et partagée autour de l'Institut de Promotion sociale est bien de celles qui méritent le nom de défi. Ensemble, sans expérience dans la création et la gestion d'entreprise, nous l'avons relevé et de belle manière. Notre enthousiasme originel a produit des fruits, beaucoup de fruits. Des centaines de personnes qui, sans l'Institut de Promotion Sociale, seraient restées au bord du chemin ou auraient peiné davantage, ont pu retrouver formation, travail, dignité, amélioration de la santé et, parfois, guérison. Le succès aurait pu être, dû être plus probant. La rencontre d'un *inventeur fou* et d'un jeune cadre ambitieux, orgueilleux, en ont décidé autrement.

Les treize années de présidence d'une entité en création puis en développement constituent un temps fort de mon parcours de militant et de responsable. Au travers des responsabilités assumées, j'ai beaucoup appris sur l'homme, ses attentes, ses désirs, ses enthousiasmes, ses limites infranchissables, ses résurrections inespérées, ses turpitudes aussi. Des liens d'amitié se sont noués. Ils demeurent et quand le rythme de la vie parvient à les distendre, un simple souffle suffit à ranimer la flamme.

L'homme d'action que je suis a beaucoup appris, s'est endurci au fil des épreuves, des crises à dénouer, des décisions urgentes à prendre. En novembre 1980, je n'étais en rien préparé à tout cela, c'est le terrain qui m'a formé, même si l'esprit d'analyse cultivé sur les bancs de l'Université fut toujours précieux. J'ai mesuré, seul à Paris, face à la froideur glaçante des Financiers des Ciments français, l'angoissante solitude du pouvoir. Je ne jouais pas pour moi en cet instant crucial, mais de mon oui ou de mon non dépendait le devenir de dizaines de personnes. Porter ce poids tout seul, c'est terrible.

A contrario, le moment douloureux rehausse la force de l'amitié. Un souvenir remonte. Dimanche, veille de la rencontre fatale. Je suis avec Régine et nos enfants dans notre maison de Montpellier. On frappe à la porte. Simone Bousquet accompagnée de son mari entre. Ils tiennent à la main un beau panier empli de cèpes ramassés le matin même. Délicieuse senteur des bois qui met du baume au cœur de celui qui s'envolera, le lendemain matin, vers les brumes froides et impersonnelles de Paris. Geste symbolique d'une force indicible posé par celle qui aurait souhaité être à mes côtés, mais qui en était privée par des décisions statutaires non modifiables.

Les années passées à agir au cœur de l'Institut de Promotion sociale m'ont révélé cet essentiel : rien n'est jamais joué en l'homme. Tel, que l'on avait classé définitivement dans une catégorie, peut tout à coup se révéler différent et s'engager sur un chemin où on ne l'aurait pas attendu. Notre passé nous façonne. Chez certains, il pèse d'un poids tel qu'il se perpétue et se rejoue dans des métamorphoses dramatiques. Peuvent en surgir aussi les forces de résurrection. La petite étincelle, jaillie au bon moment, peut rallumer le feu qui couve sous la cendre. La foi en la réparation de l'autre, notre propre réparation, n'est pas qu'utopie.

La présidence, reçue dans l'enthousiasme d'une soirée de novembre 1980, forge, par tout ce qu'elle m'invite à approcher, à approfondir, une large part de mes convictions politiques. L'épisode avec les Ciments français est plus qu'instructif. Elle façonne ma capacité de résistance. En cela, elle me soutiendra dans l'effroyable affaire GIHP.

C'est tout cela le défi IPS, du travail, beaucoup de travail, des réussites, des femmes et des hommes qui se relèvent, des échecs et des pleurs, une conscience qui s'approfondit, des amitiés qui naissent, des coups de poignard aussi qui conduisent à l'erreur et que l'on n'oublie pas.

Ces alliances, abouties ou brisées, c'est la vie. La vie qui nous porte et nous épuise, cette vie dans laquelle je m'engage de toutes mes forces parce que je l'aime.

LA CAUSE DES AVEUGLES

« Papet, on joue ?

– Oui ma petite Lou, on joue à quoi ?

– Si on jouait à ce que peut faire un aveugle ?

– Bonne idée, à ce qu'il fait ou ne fait pas.

– Alors, est-ce qu'un aveugle lit des histoires ?

– Bien sûr Lou, tu le sais bien, je t'en raconte souvent le soir. Il faut seulement qu'elles soient en braille.

– Tu me dis souvent les mêmes !

– C'est vrai Lou, il y en a trop peu que je puisse me mettre sous les doigts alors que chez ta maman… »

Le dialogue avec ma petite-fille, un après-midi de décembre, assis tous les deux sur le parquet de la salle à manger baignée de soleil, guide le poinçon de mon travail d'écriture. Il donne source et sens à mon dernier grand engagement, la cause des aveugles.

Le choix peut surprendre. À la ville de Montpellier, aux côtés de Georges Frêche et d'André Vezinhet, à IPS ou au GIHP, je n'ai eu de cesse de travailler sur la question du handicap et de l'exclusion de la façon la plus ouverte possible. Mais de l'insoutenable de la vie de mon frère Pierrot jusqu'au dialogue avec Lou, je ressens nécessité de boucler la boucle et de revenir à mon essentiel, vivre et croire sans voir. Alors, tel Joachim du Bellay *revenu vivre entre ses parents le reste de son âge*, je retourne auprès de mes frères en cécité.

La réponse adressée à Lou, « il y en a trop peu », me trouble, me chagrine, me révolte. Trop peu de livres accessibles aux personnes aveugles ! C'est une évidence. Si peu d'ouvrages peuvent glisser sous mes doigts ou rejoindre mes oreilles. Quelle frustration indicible pour celui qui aime tant découvrir les lumières exprimées par le livre. Livre des sages, Livre des croyants, Livre des historiens, Livre des poètes et des penseurs du monde. Livre à partager avec mes petits-enfants. L'univers des mots écrits qui me réjouit, je ne peux l'atteindre à ma guise. On dirait qu'il n'est pas fait pour moi. Frustration oui, discrimination à coup sûr et qui n'en finit pas d'enfermer, de m'enfermer.

Constat amer qui m'invite à creuser, à dire, à proposer. Pourquoi cette misère, pourquoi ce si mauvais sort infligé aux personnes aveugles ?

Et s'il y avait seulement le trop peu de livres. Mais plus de la moitié d'entre nous exclus du marché du travail, des nouvelles technologies au moins dix fois plus chères que pour le commun des mortels et souvent inadaptées, c'est ça l'égalité ?

Alors, y aurait-il un mauvais génie pour susurrer à l'oreille de ceux qui nous dirigent : « Laissez donc les aveugles au bord du chemin ! »

L'accès au livre, une affaire complexe, coûteuse ? Quelle blague ! On se moque ! On n'est plus au début du vingtième siècle où le livre braille se façonnait au poinçon et à la tablette. Le geste du moine copiste du Moyen-Âge, c'est bien fini !

L'informatique et le numérique ont transformé le processus de transcription en une affaire toute simple. Grâce soit une nouvelle fois rendue à Louis Braille, qui a inventé un système binaire que l'informatique intègre sans peine. Pour ceux qui ne pratiquent pas avec facilité la lecture braille, les aveugles tardifs par exemple, d'autres dispositifs existent, qui permettent une approche facile du livre audio tel le système Daisy.

Je le proclame, haut et fort, la France peut, si elle le veut, si elle en a la volonté politique, permettre à ses enfants aveugles de lire le livre de leur choix, au prix du marché, dans des délais raisonnables et dans le format désiré. Et cette volonté ne la ruinera pas, soyez-en sûrs, quelque trois ou quatre millions d'euros par an y suffiront, dérisoire au regard des comptes du pays, de sa richesse.

« Alors, est-ce qu'un aveugle peut lire des histoires ?

– Oui, si elles sont en braille.

– Tu me lis souvent les mêmes. » Lou creuse la question. Pourquoi le refus, conscient ou non, mais refus tout de même, de conférer aux personnes aveugles les droits fondamentaux indispensables pour faire d'elles des vivants et briser l'intolérable discrimination ?

Dans un monde où l'acte de voir est sans cesse mis en avant, où l'image est omniprésente, la cécité est un anachronisme. Le fait n'est pas récent. Les aveugles, dans la mythologie ou dans l'Histoire, ont interrogé leurs semblables. Œdipe en est l'une des figures emblématiques. Les textes bibliques ne manquent pas d'évoquer le sujet. Qu'il s'agisse des pages des prophètes Ésaïe ou de l'Évangile, l'annonce de la réalisation de la promesse s'ouvre sur cette affirmation :

« Aujourd'hui, les aveugles voient. »

Depuis les temps les plus anciens, la cécité interroge, fait peur, et la guérison, la vue retrouvée, apparaît comme le bien suprême. La parole du Christ à Thomas : « Heureux ceux qui croient sans voir », n'est pas à entendre comme un éloge de la cécité. Elle est stigmatisation du doute de l'apôtre et exaltation d'une foi qui n'a pas besoin de preuve pour s'affirmer.

Au contraire, chaque fois que le Christ est en rencontre avec la personne aveugle, au bord du chemin avec Bartimée ou à la piscine de Siloé, c'est la guérison qui répond à la demande : « Seigneur, que je voie. »

Les expressions du langage courant complètent le tableau. Il ne se passe pas de semaine, de jour, que j'entende dire d'un responsable politique ou économique qui a du mal à analyser une situation : « Mais celui-là, il est totalement aveugle ! » Le bon fonctionnement de l'œil a-t-il à ce point partie liée avec nos capacités d'analyse ? Ce serait donc dans la compréhension de notre monde, de notre situation, par ceux qui voient, qu'il faudrait aller chercher réponse aux questions posées.

Ne pas voir ne va pas de soi. Nous sommes une infime minorité de la population du globe à partager cet état, à révéler cette déficience. La vue conduit la vie de l'immense majorité de la population. C'est l'acte de voir qui aide le tout petit enfant à construire les représentations du monde qui l'entoure. C'est la vue qui soutient l'ensemble du processus éducatif et d'acquisition des connaissances au point que d'aucuns n'hésitent pas à proclamer que 80 % des informations reçues par l'homme procèdent du canal visuel. Affirmation fondée ou fantaisie pseudoscientifique ? Qu'importe. Je sais que mon œil qui m'apporte tout juste un filet de lumière est un organe fabuleux, qu'il embrasse chez le voyant le plus large horizon et glisse en quelques secondes vers l'infiniment petit. Il est l'organe de l'information par excellence et, si l'on n'y prend pas garde, il peut supplanter tous les autres sens.

Là se trouve la difficulté dans laquelle sont plongés les architectes, les urbanistes, les ingénieurs et inventeurs de toutes sortes, le citoyen, pour concevoir des villes, des bâtiments, imaginer, créer des objets, des produits, utilisables par tous et par nous aussi, personnes aveugles.

Au fond, deux mondes se côtoient qui s'ignorent, ne se connaissent pas et sont en mal de cohabitation.

Je lis Michel Serres :

« Puisque donc le loin et le près diffèrent pour eux, voyants et aveugles n'habitent pas le même toit, ne se donnent pas les mêmes protections, ne vivent point le même habitat, ne se souviennent pas du même utérus, n'entrent jamais dans la même maison, ne sont pas du même monde. »

Quelques lignes plus loin, il poursuit :

« Aucune espèce vive n'habite le même monde que le nôtre, parce que le cerveau de chacune compose des séquences issues d'organes des sens fort divers. »

La clé de l'incompréhension loge par ici. Nous sommes avant tout du toucher, de l'audition, du goût, de l'olfaction. Vous êtes d'abord et principalement de la vue. C'est elle qui guide votre quotidien, de votre lever à votre coucher, dans votre travail et dans vos loisirs et jusque dans les préliminaires de l'acte d'amour qui commence le plus souvent chez vous par la découverte visuelle de l'être désiré, aimé. Mais qui pourrait vous reprocher de faire appel à un sens aussi souple, aussi performant que la vue ?

Chez nous, la subtilité du timbre de la voix, le suave du parfum, précèdent l'extase de la palpation délicate et aimante.

Des spécialistes de la plasticité du cerveau ont révélé, il y a peu, que chez les personnes aveugles, la place laissée vacante par la vision absente se voyait occupée chez nous par les terminaisons correspondant au toucher. Nos yeux sont au bout de nos doigts et c'est le toucher qui nous procure l'information fine, précise, que nos yeux éteints ne fournissent pas.

Le toucher, essentiel à l'épanouissement de notre sensorialité, la civilisation occidentale le dévalorise, le condamne, en fait un tabou. Que dirait une dame si, canne blanche à la main, je m'avançais vers elle dans la rue et lui disais tout de go :

« Me permettez-vous, madame, de toucher votre visage et la silhouette de votre corps ? »

À coup sûr, la dame interpelée n'aurait cure de ma cécité. A minima, elle m'éconduirait sans ménagement ou, pire, déposerait à mon encontre une plainte pour impertinence ou harcèlement. Et pourtant, ce que vous ne nous autorisez pas à toucher, vous le laissez contempler du regard, regard respectueux ou impudique, regard qui s'exerce malgré tout et n'importe où.

La dévalorisation du toucher est d'autant plus incompréhensible qu'il s'agit là du premier sens qu'utilise le petit d'homme au sortir du ventre maternel. Avant de découvrir sa mère des yeux, l'enfant la goûte, la palpe ; refus de reconnaître nos premiers instants ?

Vous avez fait de la vue la norme absolue, incontournable. Vous l'avez portée au pinacle pour toutes connaissances et pour tout ce qui préside aux relations humaines. Dans le même temps, vous avez traité les autres sens, en particulier le toucher, comme des appréhensions de moindre valeur. Passe encore pour l'ouïe, à laquelle vous accordez quelque considération si vous êtes mélomanes ou pour le goût si vous vous rangez parmi les fins gastronomes. Mais pour le toucher, fondamental dans la captation de notre information, vous l'avez dévalorisé, rangé au rang du répréhensible, du mauvais. Le proverbe italien résume l'affaire en peu de mots : « Regarder, mais ne pas toucher ! »

L'impérialisme de l'œil est partout. À l'école, il joue un rôle capital dans le déroulement de la pédagogie qui fait large place au tableau noir, désormais aux écrans, aux dessins, aux graphiques de toutes sortes. L'enfant aveugle, perdu au milieu de cet univers visuel, s'il ne bénéficie pas d'un soutien pédagogique approprié et de qualité, est dans l'incapacité de trouver sa place parmi ses camarades. L'école inclusive, sans doute, mais inclure passe d'abord par la reconnaissance de l'autre. L'attitude de nos conférenciers d'aujourd'hui, incapables de dérouler leur propos sans prendre appui sur des supports visuels, comme si la parole ne se suffisait plus à elle-même, m'interroge. « Au commencement était le Verbe », l'affirmation aurait-elle perdu de son sens ?

J'entends quelques voix attirer attention. Des psychanalystes interpellent. Jacques Lacan affirme : « L'image tue l'imaginaire. » Je reviens à Michel Serres :

« [...] que l'image, pauvre, délivre moins d'information que le son ; que l'oreille ouvre un palais de sens mille fois plus luxueux que l'œil ; que l'illustration des livres, contre-productive, distrait, attire l'attention et en dissout l'intensité ; que les images étourdissent sans instruire. »

Propos discutable ? Peut-être. L'homme sait de quoi il parle. Ses travaux autour des cinq sens l'autorisent à replacer chacune de nos capacités perceptives à sa vraie place. Ma réflexion va.

« Papet, on joue. »

Il y a dans le sourire et le regard de ma petite Lou des subtilités que la voix a du mal à me restituer. Elle me renvoie à sa maman. Ma fille cadette, Guillemette, est là, allongée devant moi sur le coussin à langer. Son babil dit sa joie. Ses petits gestes appellent mon regard qui ne vient pas. Douleur de ne pas voir le sourire, de ne pouvoir répondre. J'entends la phrase écrite par Henri Gougaud dans Tuo Lan :

« [...] les visages humains sont les plus beaux paysages du monde. »

Autre moment, autre lieu. Je suis dans mon bureau de la mairie de Montpellier. La femme assise en face de moi dit sa détresse. Quelques paroles de réconfort sortent de ma bouche, des esquisses de solutions ; mais pas de regard. Le regard qui soutient, le regard qui réchauffe celui que viennent de prendre les gendarmes dans l'Auvergnat de Brassens, il est sans doute belle chose et j'ai souvent regretté de ne pas pouvoir en jouir.

Mes mots d'aveugle ne visent pas à allumer la guerre des sens. L'homme, dans sa plénitude, a besoin des cinq ouvertures sur le monde proposées par le Créateur. De la richesse de son inter sensorialité dépend son plein épanouissement. Loin de l'envieux perturbé par ce que possède l'autre, je ne viens pas ici râler contre ceux qui voient, parce qu'ils voient. Je suis comblé de joie pour eux. S'ils pouvaient jouir en plénitude de leurs cinq sens, ma joie serait parfaite.

J'écoute dans la paix la douce mélodie de la source qui coule à mes pieds.

Je suis comblé par les parfums capiteux de la Provence, chauffée à blanc par la journée d'été qui va vers sa fin.

La peau de l'être aimée répond doucement à la délicate caresse de mes doigts qui l'appellent.

Je suis transporté de bonheur par ce grand cru de Châteauneuf-du-Pape que les vignes, plantées dans la caillasse qui les a chauffées tout l'été, ont distillé pour ma joie.

Ces plaisirs sont à la portée de tous. Pour y goûter, il faut savoir fermer les yeux.

La personne située au carrefour des quatre sens qui forment ses points cardinaux vit une existence riche de poésie, de musique, de senteurs, de goûts rares, fins ou puissants, de création. Les fils d'Homère et de Milton, poètes, de Bernard Morin, mathématicien, de Louis Vierne, Jean Langlais ou André Marchal, musiciens, de Ray Charles ou de Steevie Wonder, grands de la chanson, n'ont rien à envier à leurs semblables. Jacques Lusseran, dans sa nuit, est l'un des grands Français à résister au nazisme à l'heure où tant de voyants s'adonnent aux charmes de la collaboration. L'aveugle peut être éblouissant. Pour atteindre à ces sommets, il lui faut un entourage fervent et des vents favorables.

Pour qu'il y ait handicap, il faut qu'il y ait rencontre entre une déficience avérée et une organisation particulière du monde qui nous entoure.

La déficience avérée, je vous la concède, pas volontiers, parce qu'elle me pèse, mais je la reconnais, je ne la nie pas. L'organisation de notre société basée en grande partie sur ce qui se voit, c'est votre affaire, à vous de jouer.

Vous pouvez rester dans vos certitudes et dire que votre œil vous suffit, vous êtes majoritaires, presque totalitaires, la démocratie bien-pensante ne vous contestera jamais ce droit. Mais nous resterons handicapés.

Vous pouvez aussi nous regarder et avancer d'un pas vers nous. Alors, vous découvrirez qu'appuyer sur un bouton, tourner un commutateur, recevoir des consignes vocales, ne dégrade en rien la qualité d'un produit et n'altère pas son esthétique.

Il y a passerelle à jeter entre le petit monde que nous sommes et la quasi-totalité de l'humanité que vous représentez, afin d'inventer ce *chez-soi pour tous* cher à l'anthropologue Charles Gardou.

Si j'avais une supplique, elle tiendrait en deux mots : *Regardez-nous*. Et vous répondriez : *venez vers nous*.

Vous ne pouvez pas tout savoir. Vous ne connaissez pas tout du monde qui est le mien, qui est le nôtre. À moi, à nous de vous le raconter, de vous le faire découvrir dans sa subtilité, dans toute sa richesse. À nous de dire qui nous sommes, de raconter nos galères, de parler nos exploits, de ne pas taire nos besoins.

Nous sommes une poussière d'humanité. Pour que vous écoutiez notre histoire, il faudra qu'elle soit bien écrite, qu'elle vous donne envie de tourner les pages. Dénoncer le comportement d'autrui ne suffit pas à faire germer en lui le désir de venir vers nous, de changer de cap. Susciter son désir, lui permettre de s'enthousiasmer peut, plus sûrement, créer rencontre.

C'est le chemin que j'ai choisi pour servir la cause des aveugles.

L’intime

LES ÉTOILES DE CARNON

Et si l'on parlait d'amour ?

Le désir, l'appel des délices du sexe, l'adolescent les découvre sous le couvercle de plomb de l'Institut des Jeunes Aveugles de Marseille. La montée de sève chez le jeune garçon et ses camarades, la faire taire, que mal en tout cela, péché d'impureté qui conduit aux flammes de l'Enfer. Les filles, surtout ne pas les approcher de trop près, les descendantes d'Ève peuvent vous mener à tout instant vers les abîmes de la tentation et de la perdition. Et en ces choses, la famille n'est d'aucun secours. Le sexe, le désir, l'amour, nul ou presque n'en parle, si ce n'est pour brocarder l'homme volage ou la fille légère : « Œuvre de chair tu ne feras, qu'en mariage seulement. » Les dogmes de l'Église ont façonné les esprits et personne pour les mettre en doute.

Quand il arrive au collège, puis au lycée, l'adolescent est surpris par la hardiesse avec laquelle copains et copines s'affranchissent des principes qu'on lui a inculqués, et le printemps de Mai qui précipite le mouvement de libération des mœurs fait craquer ses forteresses intérieures.

La liberté qui se vit à l'Université entre filles et garçons achève de mettre à bas les préceptes reçus.

Les injonctions de l'enfance ne sont pas faciles à déconstruire. Il lui faut aller pas à pas dans son âge pour découvrir la beauté de l'élan vital qui conduit deux êtres à avancer l'un vers l'autre.

N'empêche, le poids moral, trop longtemps porté, altère la relation de l'étudiant avec le beau sexe. Il faudra laisser du temps à la vie amoureuse et à la parole qui répare pour panser toutes les blessures, et le sont-elles vraiment ?

Le désir de rencontre, il est en lui. L'appel à la vie amoureuse, il l'a souvent entendu, le cœur s'est emballé. Mais aller jusqu'au bout, dire à l'autre qu'elle est celle avec qui il aspire à s'embarquer pour le grand voyage... Un frein le paralyse, interdit le prononcé du verbe aimer à la première personne. Ce frein, sans doute le poids de la morale qui prohibe les expériences amoureuses auxquelles s'adonnent ses camarades. Mais avant tout, ce frein, ce sont ses yeux, ses yeux qui ne voient pas. Sa cécité le met mal à l'aise avec son propre corps. Il redoute les soirées où l'on danse, tant se montrer aux autres, lui qui ne les voit pas, lui est pénible, quasi insupportable. Quel regard celle qu'il aime, mais qu'il ne voit pas, porte-t-elle sur lui ? Est-ce un vrai regard d'amour, sans réserve, sans retenue aucune, ou y a-t-il un peu de cette pitié qu'il ne supporte pas ? Au fond, sa grande question, celle qu'il n'ose pas s'avouer à lui-même : est-il possible qu'une fille normale se donne à une personne aveugle ? Et lui qui sait le poids de la cécité, peut-il s'autoriser à le faire partager à une autre ? Ça bouillonne à l'intérieur. Les magnifiques voyages partagés avec la belle personne à qui il aimerait tant dire n'y suffiront pas. Craint-il, en déclarant l'amour, de perdre l'amitié ? Il lui faudra attendre pour se risquer, que vienne jusqu'à lui la fille aux cheveux blonds et aux yeux bleus, on les lui raconte, venue des brumes du Nord.

L'Ami trop tôt envolé évoque, avec des mots éblouis, la fille partie de Bruxelles, qui a traversé deux fois l'Océan pour venir se poser en Provence puis à Montpellier. Il lui dévoile son histoire surprenante, faite d'arrachements, d'épreuves surmontées grâce au courage et au désir de vivre. Une première rencontre au sein de la communauté étudiante où il vit avec l'Ami. Il l'invite à la soirée organisée pour fêter sa thèse dans son village de Tresques, trop de monde pour se rencontrer.

Quelques jours plus tard, l'Ami l'entraîne vers l'hôpital. Elle est là, encore plongée dans les brumes d'une anesthésie trop lourde. Les lignes du livre posé devant elle vacillent dans ses yeux. Il vient à la rescousse :

« Ce sont les lapins qui ont été étonnés ! Depuis si longtemps qu'ils voyaient la porte du moulin fermé… » Le texte de Daudet les rapproche, devenu illisible pour elle, récité par lui, premier partage autour du livre.

Une virée en 2 CV en Espagne, de nombreuses retrouvailles l'été où elle ne manque aucun des concerts de l'Ensemble vocal où il chante. Son cœur bat à l'idée de rejoindre le chœur.

Vient septembre, la plage, la mer toujours douce qui invite à rêver, les longues soirées sous les étoiles de Carnon. La musique de Bach, les pages de Giono, les vers d'Eluard sont de merveilleux passeurs. Il la découvre, entend le récit des turbulences de sa vie, les déchirures, les lourdes désillusions, la soif de vivre qui surpasse tout. Il y a chez ces deux-là de profondes similitudes, des forces de vie qui les aimantent.

Il peut se risquer. Il entend son regard sur lui, il sait qu'il ne sera que d'amour. Les cœurs s'ouvrent, les premiers baisers s'échangent, le dire de la promesse est là.

19 septembre 1980. La soirée s'achève sur les premiers élans. À la même heure, Jeannot le vigneron, le frère bien aimé, est fauché sur la route. La promesse de vie, le brutal et l'injuste de la mort, quel choc ! Les premiers gestes de Régine pour Vincent seront de consolation. Il y en aura bien d'autres, de l'un vers l'autre, de l'autre vers l'un.

L'irruption de la mort au cœur de la première nuit d'amour n'aura pas raison des forces de vie, celui qui s'en est allé ne l'aurait pas voulu. Elle marque cependant les premiers pas du couple. Avaient-ils besoin de ce rappel douloureux ?

Appel chez Régine à une profonde vie intérieure, à une intimité féconde, créatrice. Désir d'entreprendre, d'affronter et de faire plier les obstacles chez Vincent. Les cœurs qui s'unissent, s'ils se reconnaissent, approchent la vie sous des angles différents. Ici, c'est d'abord la place laissée à l'écoute, au sensible, au désir de construire à deux le nid qui protège. Là, c'est davantage le souci de ne pas reculer, de livrer bataille pour défendre sa place durement conquise et qu'il croit souvent menacée. Chacun se défait de ses chaînes et se reconstruit comme il peut, mais il est des complémentarités pleines de richesses.

Et les deux s'embarquent pour la grande aventure de la vie. D'extraordinaires moments d'exaltation autour de la musique, de l'approfondissement des choses de la foi, de la vie, autour de belles rencontres qui vous transforment pour toute éternité. Quatre belles naissances comme autant de soleils qui brillent sans déclin. La traversée valait d'être entreprise et tiendra ses promesses.

Mais les mers les plus belles ne sont pas toujours calmes. Il y eut des tempêtes, des déchirures, des doutes et des remises en question. La météorologie de la navigation conjugale n'est pas une science exacte et l'art de naviguer avec les vents contraires ne s'apprend pas dans les livres. Seul le désir d'aller au bout ensemble, ancré au fond des cœurs, cimente les équipages ; ce désir ne leur a pas manqué.

Et le voyage continue sur des flots aujourd'hui apaisés. Puissent-ils le rester.

NAISSANCE

13 septembre 1982. Je quitte le bureau un peu plus tôt qu'à l'ordinaire, demain, si tout va bien, sera jour de naissance. Le docteur Pilon l'a dit : « Ce sera pour le 14 septembre ; ce jour-là, je serai à mon cabinet jusqu'à 13 heures. »

Il fait un temps magnifique, une douce chaleur d'automne présage d'heureuses vendanges. Nous partons vers le zoo du Lunaret, un beau coin de garrigue devant qui la ville s'efface. Tout pousse à la promenade. Régine rayonne de bonheur, presque elle se sentirait légère si le ventre bien rond ne laissait aucun doute sur l'imminence du terme. Sa joie est en partage.

Bientôt neuf mois que nous attendons le jour nouveau qui changera notre vie. Attendre une naissance, c'est comme regarder un point de l'horizon vers lequel on se dirige à pas comptés, mais résolus. Les premiers jours, le point est à peine perceptible, tant l'attention de l'homme est portée sur la femme, dont les malaises, nausées et autres signes peu sympathiques, mobilisent l'énergie. Le chemin semble si long, si difficile, incertain même, atteindra-t-on un jour au but ? Puis, petit à petit, le paysage bouge. Le corps de la femme s'arrondit, sa vitalité lui revient et ouvre sur un enthousiasme nouveau qu'on ne lui connaissait pas. Un jour, elle est seule à pouvoir le ressentir, quelque chose comme un frémissement se glisse en elle, caresse son intérieur. Elle en parle à l'homme, du bout des doigts il guette l'imperceptible, ça ressemble à une pulsation irrégulière, fragile, et l'homme, la main posée sur le ventre de l'aimée, découvre les premiers mouvements de l'enfant qui vit et se manifeste. Longs moments passés à repérer ces gestes intérieurs, signes d'une vie déjà active, à ressentir les petits coups donnés au ventre de la femme, tous les jours plus vigoureux, plus réguliers.

Il s'approche, l'enfant ardemment désiré. Le moment est venu de préparer le nid, garnir le berceau, acheter les petits vêtements, coudre draps, rideaux et tentures pour la chambre. Celle ou celui qui vient, on ne veut pas savoir avant l'heure dite, manifeste déjà sa présence, rythme la vie du couple, le tient dans l'allégresse des jours et même des nuits.

Nous marchons près de deux heures ; il faut l'empressement du gardien qui annonce la fermeture du zoo pour nous contraindre à rentrer chez nous et puis, Régine a faim. Au menu de ce soir : salade de poivrons rouges et crevettes de Sète. C'est délicieux, plein des saveurs du sud. Mais à l'instant où débute la digestion, un autre processus s'enclenche, beaucoup moins doux celui-là, celui des contractions, annonciatrices de l'approche de la naissance. Régine regrettera plusieurs fois durant la nuit de douleur d'avoir mangé la délicieuse salade. Qu'importe, on connaît l'origine du trouble qui porte en lui tant d'espérance.

Les contractions se rapprochent, de plus en plus régulières, de plus en plus fortes et difficiles à supporter. Il n'y a plus à hésiter, il faut, en pleine nuit, filer vers la maternité.

14 septembre, le jour se lève, éblouissant de clarté. Régine est dans son lit, cerclée de douleur, l'intensité des contractions ne cesse de croître. Elle parle peu, c'est si difficile. Elle me serre fort la main, comme pour me faire partager ses souffrances que j'imagine, mais qui ne sont pas dans ma chair. Je ne lis pas sur son visage le masque de la douleur, je l'entends dans le faible de sa voix. Est-ce semblable ? Je me suis souvent interrogé sur ma perception de la souffrance d'autrui sans pouvoir capter dans le regard les stigmates de la détresse physique ou morale. J'encourage comme je le peux, c'est tout le possible pour l'homme, le reste, tout le reste, procède de la femme et c'est grand. Les interventions du personnel médical, même si elles n'apaisent que peu les tourments de la future accouchée, me paraissent plus pertinentes.

La porte de la chambre s'ouvre pour une nouvelle visite de la sage-femme. « Mais c'est magnifique, dit-elle d'un ton joyeux, vous avez bien travaillé, six centimètres, je vous embarque en salle d'accouchement. » Un baiser sur le front de Régine, elle part sur le chariot que pousse la jeune femme. La porte claque, je reste seul.

Soudain, tout se trouble au-dedans de moi, j'ai peine à respirer, tout tourne, on dirait que le sol va se dérober sous mes pieds, une angoisse féroce m'enserre de ses tentacules comme pour m'étouffer. « Mais qu'avons-nous fait ? Mettre au monde un enfant ! Que deviendra-t-il ? Mais nous serons incapables de le porter, de nous occuper correctement de lui. Et le monde incertain, violent, comment va-t-il l'affronter ? Nous savons bien, Régine et moi, le dur de la vie. C'est folie ! » Mais c'est trop tard. Je voudrais marcher, faire seulement quelques pas, mes jambes ne me portent plus. Pas de repère dans cette chambre d'hôpital. Sortir, canne blanche à la main ? Impensable tant tout se brouille en moi. Je suis comme prostré. Sensation d'un destin qui m'échappe. À la même heure, au Mas, Pierrot et la mère équeutent des haricots. Pierrot est plongé dans une vive inquiétude : « Mais Régine, jamais elle ne parviendra à faire sortir ce bébé ! »

Soudain la porte de la chambre s'ouvre, l'infirmière entre et dit :

« Venez Monsieur, votre femme est sur le point d'accoucher, je vous emmène en salle. » Je suis comme le parachutiste qui voit la trappe de l'avion s'ouvrir sous lui, que faire, avancer et sauter.

La salle d'accouchement, baignée de lumière, son odeur caractéristique d'hôpital. Régine est allongée sur ma droite. À côté d'elle, le monitoring fait entendre les battements du cœur du bébé. À chaque contraction, ils semblent s'arrêter, c'est impressionnant. Je suis là, impuissant, mais si proche. De l'autre côté de la table, le professeur François Laffargue soutient Régine, il l'aide à maîtriser sa respiration. Je suis subjugué par la douce autorité de l'homme. Tel un capitaine debout dans la tempête, serein face aux éléments qui se déchaînent, il communique à son entourage la certitude que tout est sous contrôle et se terminera bien. Une parole tombe de sa bouche : « Poussez encore une fois, la prochaine, vous verrez votre enfant. »

Un petit cri, tendre, délicat comme le miaulement d'un petit chat. Il est midi moins huit, le docteur Pilon avait raison, Claire vient de naître, elle est là, posée sur le ventre de sa mère, déjà vigoureuse et tendue vers le sein nourricier. Le professeur Laffargue prend délicatement ma main, la guide vers le petit corps encore mouillé. Comment mettre des mots sur la joie de la naissance, de la première naissance. Quelque chose d'inexprimable se vit entre Régine et moi, comme si nous venions d'accomplir un exploit. Et ça en est bien un, nous avons réussi à transmettre la vie à un être qui va nous combler de joie, nous surprendre chaque jour et qui nous surprend encore, un être qui vient de nous, mais qui n'est pas nous, qui est unique et bien à lui.

Je regagne la chambre, transporté, fou de bonheur, Régine reste encore quelques instants en salle pour les soins d'après accouchement. Les angoisses d'il y a deux heures, évanouies, oubliées, ont-elles vraiment existé ?

J'appelle au Mas, le docteur Pilon, Annick et Madeleine, partout, Claire est née. Je voudrais que la terre entière l'entende et partage mon bonheur, notre bonheur.

Régine revient maintenant, sur son sein, Claire doucement posée. C'est l'instant inoubliable, prendre notre enfant, ma petite Claire dans mes bras. Elle est là, blottie tout contre moi, paisible et déjà si forte. Je ne vois pas son visage, je ne le verrai jamais, grande peine, je respire l'odeur de sa peau, j'écoute sa respiration paisible et régulière, je ressens toute son énergie vitale déjà si manifeste.

24 avril 1985. Les rossignols ont chanté à tue-tête tout au long de la nuit. Il est 7 heures moins vingt mais le jour est déjà levé sur la grande lumière. Sur la table d'accouchement, Régine pousse encore une fois. Mes yeux d'aveugle perçoivent comme une boule noire, la tête enchevelée de Guillemette apparaît. Quelques minutes encore et je la tiens dans mes bras, au-dessus de la plaque qui la réchauffe du froid de la salle. Ses petites mains me cherchent, Guillemette, l'enfant du toucher, touche déjà.

8 mai 1990. Longtemps que nous attendons. Le troisième ne semble pas pressé de sortir. Au bout de la table,

Madeleine Rigaud, la sage-femme dirige paisiblement la manœuvre. Il est à peine 9 heures et une autre Madeleine, toute petite, se décide à sortir du chaud maternel. Le docteur Bachelard me tend les ciseaux : « Ici, coupez. » Tremblant d'émotion, pour la première fois de ma vie, geste unique, je coupe le cordon ombilical. Et Madeleine, toute paisible, aborde le premier jour.

24 novembre 1991. Il est bientôt 5 heures du matin. Régine a été en travail toute la nuit. Pour la première fois, elle dit avoir peur de ne pas pouvoir faire sortir cet enfant. L'équipe autour d'elle sourit et la rassure. Vient le dernier instant. Marie doucement glisse dans la vie. Quelques gestes de la sage-femme puis la voilà dans mes bras, toute nue, toute vigoureuse. Je sens sa force déjà manifeste, force sûre que j'éprouve à son bras, chaque fois que nous cheminons sur les chemins escarpés de montagne.

Il est un peu tard ce 14 septembre. Le calme règne maintenant dans la chambre, ma mère et mes frères accourus en toute hâte viennent de partir. Je suis avec Régine, Claire repose, paisible, emportée par le sommeil du premier soir.

Le professeur Laffargue entre. Quelques mots pour la maman, tout s'est si bien passé, pour le papa aussi. Il regarde longuement le berceau. Régine dit : « Voyez comme elle est calme. » « Oui, dit le grand médecin, elle était attendue et elle le sait. » Une parole à jamais gravée en nous.

Claire, Guillemette, Madeleine et Marie ont été attendues, désirées, aimées avant que d'être dans nos bras. Quatre naissances, quatre baptêmes de vie qui nous portent et nous poussent, et déjà les petits-enfants sont là.

AU BORD DU LIT

5 septembre 1998.

Septembre est dans son beau temps. L'air prend parfum et teinte de miel qui annoncent les vendanges. Le millésime sera fameux, charpenté et fruité. Celui élevé au Mas sera une merveille, comme un chant du cygne qui fait regret.

14 heures, hôpital de Bagnols-sur-Cèze. J'ouvre la porte de la chambre. La mère est dans son lit, elle m'attend. Un baiser sur son front. Ses bras maigres m'attirent vers elle.

Deux jours qu'elle a quitté le Mas, le lit aux huit naissances. Elle est dans la chambre qu'elle sait la dernière. Elle chemine vers le bout, elle le sait, pas vers sa fin. Le bout, c'est celui de l'envol vers l'au-delà qui l'attend et qu'elle espère, peuplé de ceux qu'elle aime, même s'ils ne sont plus là.

« Vincent, mon Pierrot doit m'attendre pour lui lacer ses souliers. Il me dira que j'en ai mis du temps pour le rejoindre. »

Elle est là, la mère, elle me parle de sa voix douce, paisible d'une grande paix.

« Alors, par ce beau temps, tu es venu me voir, tu aurais pu en profiter pour une belle promenade avec Régine et tes filles. Elles sont belles tes petites, Vincent, plus belles les unes que les autres. Et Régine. La première fois que j'ai vu ses cheveux blonds et son regard, quel regard, j'ai su que vous seriez heureux. »

Je suis assis tout près d'elle. Ma main caresse doucement la tête, les belles tresses sont comme décharnées. Nous parcourons sans hâte les chemins de la vie d'hier. Tout est calme, tranquille. La sérénité habite la femme qui a traversé trois guerres, vu partir quatre de ses fils et fermé les yeux de tant d'autres. Mais Claire est dans l'espérance de la rencontre, son regard va devant.

« Vincent, il faut vivre pour les vivants, ceux qui nous ont quittés n'auraient pas supporté que l'on s'arrête avec eux. C'est en poursuivant notre route qu'on leur rend témoignage. »

Un temps de respiration, comme pour ouvrir une autre piste, puis :

« Surtout, ne vous attachez pas aux choses matérielles. Ton grand-père était un simple ouvrier agricole, puis fermier. Il a fondé le Mas, demain peut-être, cette terre, vous la perdrez. Ne vous arrêtez pas à ça. Continuez à vous aimer et à penser qu'un avenir meilleur peut arriver. Tu vois tout ce que tu as réussi, quel bel exemple. »

Je suis bouleversé par les mots tendres, lucides. Les larmes me viennent aux yeux, je les contiens au mieux, je sais bien que c'est la dernière fois que la mère parle au fils, qu'elle lui délivre le trésor de son cœur.

L'après-midi s'avance dans la douceur et le calme. La parole circule entre nous, fluide. Les souvenirs heureux remontent à la surface et je surprends la mère à se laisser à rire, même si ça réveille les douleurs du corps endolori. On parle des jours de peine, sans amertume, sans regret.

Cinq heures, Riri frappe à la porte. Nous allons nous quitter. Ensemble, nous prions avec le Notre Père et la salutation à Marie. Puis, le dernier baiser.

Demain, c'est Régine aux cheveux blonds qui sera là pour réciter les psaumes du sacrement des malades.

Puis vient la nuit, dernière nuit. Didile, sa fille unique, est là. La mère, dans son agonie, parle de faire les confitures.

L'aube du 8 septembre s'apprête à poindre.

8 septembre, jour béni de l'Annonciation où Marie de Nazareth entend la voix de l'Ange lui annoncer l'accomplissement de la Promesse. Ce jour, nous l'avons souvent fêté en famille à Aiguebelle, la belle cistercienne. Aujourd'hui, la mère s'envole. Depuis des jours, j'avais le pressentiment qu'elle choisirait ce moment pour partir rejoindre l'ange annonciateur.

Elle veille sur nous.

Convictions

LE CHANT DE MAI

Vendredi 3 mai 1968.

Fin d'après-midi. Le cartable sous le bras, je grimpe à la course la pente qui mène à la maison. Dans le parterre tout proche, les rossignols s'adonnent aux trilles de leur chant d'amour. Les deux rosiers grimpants qui encadrent la porte d'entrée sont chargés de rouge et de parfum. Tout est à la fête des sens.

La jubilation de la campagne me porte. Dans quelques semaines, fini le collège. Pour l'heure, je révise le BEPC ; je vais le passer avec succès, ce diplôme. Puis, une nouvelle tranche de vie sera à croquer. Je suis au comble de l'exaltation.

Quelques mots échangés avec les uns et les autres, je gagne la grande salle à manger où mon bureau de collégien est installé. J'y pose mes affaires et allume le transistor pour écouter les nouvelles. Mon attachement à la radio, ça ne date pas d'hier.

Le carillon d'Europe n° 1 sonne : dix-huit heures. Paris, Quartier latin, 3 000 étudiants manifestent. Affrontements avec la police ; des voitures flambent ;

début de barricade boulevard Saint-Michel. Qu'est-ce qui se passe ?

Depuis quelques semaines, j'entends parler de l'agitation à l'Université de Nanterre autour d'un certain Daniel Cohn-Bendit et de son mouvement du 22 mars. Il réclame le droit de visite dans les chambres des cités universitaires. Les garçons veulent aller chez les filles, les filles chez les garçons. *Faites l'amour, pas la guerre*, le slogan se propage comme une traînée de poudre. L'autorité refuse ; pas question ; chacun chez soi. En ce début mai, avec le printemps qui chatouille les hormones, ça explose. Moi, pour l'instant, le sujet me laisse indifférent. Par contre, mon esprit volontiers frondeur n'est pas fâché que l'on tape un peu sur les flics.

À l'heure du souper, la tablée évoque l'affaire.

« Vous avez vu, ça pète à Paris, les étudiants… »

En ce premier soir, le climat ne leur est pas franchement favorable : *qu'ils aillent travailler au lieu de faire les cons*. Et la famille passe à autre chose. Les CRS ont tapé dur, une autre manifestation est convoquée pour lundi, les étudiants parlent d'occuper la Sorbonne, l'autorité montre ses muscles. Au collège, le samedi matin, nous en discutons brièvement entre copains ; la remontée du Nîmes Olympique en première division de football nous émoustille davantage. Les radios périphériques, Europe n° 1 et Radio Luxembourg, traitent le sujet durant le week-end. Quelque chose bouge.

Le lundi 6 mai, j'ai hâte de rentrer du collège pour être informé. Dès le pas de la porte franchi, Pierrot me prévient : « Ça recommence à Paris. » Et cette fois, c'est plus sérieux. Les étudiants ne sont plus 3 000, mais 12 000 et défilent dans le Quartier latin, derrière des drapeaux rouges et noirs. Ça chante l'Internationale. Les affrontements se multiplient. Les manifestants essaient à nouveau d'ériger des barricades. Les pavés volent sur les CRS qui distribuent allègrement les gaz lacrymogènes. J'écoute jusqu'à l'heure du souper et même après. Ce soir, les devoirs attendront. Les radios sont sur le pied de guerre. Les rédactions d'Europe n° 1 et de Radio-Luxembourg se mobilisent. À la radio d'État, l'information est plus rare. Au Mas, le ton commence à changer, on trouve que les CRS y vont trop fort et que ces étudiants doivent bien avoir quelques problèmes pour se mobiliser de la sorte. Pour l'heure, la cueillette des cerises et les traitements à prodiguer à la vigne retiennent davantage l'attention.

Tous les soirs, ça recommence et la foule des manifestants grossit. J'écoute, de plus en plus tard. Quelque chose bouge dans le profond.

Vendredi 10 mai. Quand j'arrive à la maison, Pierrot et Jacquot sont déjà devant la radio, ça s'aggrave à Paris. Vers 19 heures, la foule est énorme et s'empare du Quartier latin et des rues adjacentes. Les CRS chargent sans ménagement, les vitrines volent en éclat, les voitures brûlent, les barricades surgissent de partout. Au Mas, la famille avale en hâte le repas et se rassemble bien vite autour du transistor. Rue Soufflot, rue Gay Lussac, tout autour de la Sorbonne, ça se bat franchement cette fois. Aux charges de plus en plus violentes des forces dites de l'ordre, les manifestants répliquent en lançant des pavés et une kyrielle d'objets qui tombent sous leurs mains. Souvent les CRS reculent, sous les acclamations d'une foule immense. Les combattants de la rue s'organisent. Ceux qui sont aux pieds des barricades arrachent les pavés et forment une chaîne humaine pour alimenter ceux des avant-postes, juchés au sommet.

Vers 23 heures, une partie de la maison est déjà couchée, je reste avec Pierrot et Jacquot. Jeannot nous accompagne un moment avant d'aller se reposer. Demain, dès quatre heures, il sera debout pour le travail. La radio diffuse des images sonores terribles. Les discours des chefs étudiants et enseignants sont forts. Alain Gesmar, Jacques Sauvageot prononcent des paroles de combat. Dans la salle à manger du Mas où toutes les lumières sont maintenant éteintes, on assiste, au bout du transistor, à une véritable guérilla urbaine. Les étudiants ne sont plus seuls. La jeunesse déjà au travail, et des aînés aussi, rejoignent la contestation d'un pouvoir qui ne semble rien saisir de ce qui se joue dans les rues de Paris. Vers une heure du matin, je consens à aller au lit, mon sommeil est agité. Au réveil, j'apprends que le centre de Paris est dévasté, des centaines de blessés emplissent les hôpitaux. Un couvercle de plomb pèse ce matin sur le pays.

Au collège cette fois, la discussion est générale entre élèves et professeurs. Le travail de la matinée s'en ressent, on a la tête ailleurs. À midi, quand Jean-Pierre, mon beau-frère, vient me chercher, il m'apprend que les syndicats ont lancé un mot d'ordre de grève générale pour ce lundi et appellent à une grande manifestation. Monsieur Vincent dit comprendre, « La répression, ça ne résout rien. »

L'atmosphère du week-end est étrange. Paris panse ses plaies. L'ambiance du dimanche est celle d'une veillée d'armes.

Lundi 13 mai, une foule immense, sans doute un million de personnes, a envahi Paris. La presse parle d'une mobilisation historique, elle se réfère à l'enterrement de Victor Hugo. Un peuple se lève. Il défile d'abord dans le calme. Cette force tranquille ébranle le régime et les certitudes de beaucoup. Mais à l'instant où le cortège se disloque, les affrontements reprennent avec la police. Les jours suivants, l'ensemble des universités se paralysent ; les occupations d'usines débutent, la classe ouvrière entre dans la lutte, la grève générale s'installe dans tout le pays.

À Bagnols, le lycée est en grève et occupé par les élèves. Alors, ce mercredi après-midi, je rassemble les copains, nous défilons dans la cour en chantant la Marseillaise ; l'Internationale, pour moi, ça viendra un peu plus tard. Puis, nous discutons. Avec quelques autres je pousse à l'action ; demain, comme les copains du lycée, nous serons en grève.

Et le mai de la révolte s'avance. À Bagnols, nous défilons sur la place de la mairie, mais ici, pas de casse… Toute la France est en parole. Chacun échange avec son voisin ou avec le nouvel arrivant. Il faut en finir avec ce pouvoir autoritaire, construire autre chose, quoi, on ne sait pas trop, mais il faut changer.

Chaque jour qui passe apporte son lot de nouvelles surprenantes. Au cœur du mouvement qui fait chavirer le pays, une certitude s'installe, le pouvoir a perdu pied et ne contrôle plus rien. Il n'est pas seul à être déboussolé par le tourbillon qui soulève la France. Le Parti communiste français, qui devrait se sentir pousser des ailes avec un tel mouvement de révolte, paraît pétrifié. Avec l'appui de la CGT, sa courroie de transmission vers le monde ouvrier, il tente de le canaliser, de le freiner. Mais rien n'y fait et Georges Séguy, le Secrétaire général du syndicat, sera copieusement sifflé par les ouvriers de chez Renault.

Toute la France est en grève. Les trains ne roulent plus, le courrier n'est plus distribué, la pénurie d'essence s'annonce. Partout ça manifeste, un mort à Lyon, un autre à Flins. Le peuple semble aimanté par les radios, la télévision. Chaque soir, on veille tard à l'écoute des manifestations parisiennes et de quelques autres villes. Pour faire retomber la pression, le pouvoir croit bon de couper l'usage des radiotéléphones qui permettent aux radios périphériques de faire vivre le mouvement en direct. Mais rien n'y fait. Privés de leurs micros, les journalistes d'Europe n° I, de Radio Luxembourg, Julien Besançon, Patrick Pesnot, Philippe Alphonsi utilisent les bonnes vieilles cabines téléphoniques.

Sur Europe n° I, Jean Gorini, le rédacteur en chef, Maurice Siégel, le Directeur général, passent la nuit à l'antenne. Sur Radio-Luxembourg, le jeune rédacteur en chef, Jean-Pierre Farkas est en permanence sur le pont.

L'ORTF finit par entrer dans la danse et vote la grève. Les grévistes de la télé du pouvoir retransmettent les débats de l'Assemblée nationale. Ça coûtera leur place aux journalistes félons.

Les partis politiques paraissent éclatés par le coup de foudre tombé sur la France en ce mai insaisissable. Plus personne n'écoute les propos de Guy Mollet, le chef historique de la vieille SFIO. À l'inverse, François Mitterrand galvanise la représentation nationale par son art oratoire, acéré et brillant, comme si Mirabeau revenait près de deux siècles plus tard. Le pays découvre, subjugué, l'intelligence de Cohn-Bendit, le leader de Nanterre. Son esprit, servi par un verbe de feu, désarçonne les contradicteurs. Les vieux schémas s'effacent, tout vacille.

Le 24 mai, le général de Gaulle s'adresse au pays à la radio et à la télévision. Ambiance surréaliste que de voir des foules énormes, le transistor à la main, écouter le Chef de l'État en direct, en pleine manifestation. Son projet de référendum sur les institutions fait long feu. Le vieux général semble avoir perdu la main, la voix du 18 juin ne passe plus. En plein Conseil des ministres qui se tient un dimanche, de Gaulle lâche cette formule qui interroge : « La réforme oui, la chienlit non. » Et tout le monde de se précipiter vers son dictionnaire.

La gauche autogestionnaire regroupée autour de Pierre Mendès-France essaie de reprendre la main et de proposer une alternative politique pour sortir de la crise qui touche l'ensemble du pays. De Gaulle quitte Paris le 29. Pendant quelques heures, la France perd la trace du général.

Ce même soir à la maison, le souper se vit dans une ambiance lourde. Le père dit son inquiétude, la mère aussi. Mais nous, les enfants, nous soutenons qu'il faut en finir avec ce régime, passer à autre chose, qu'il y a décidément trop d'injustices et que nous aspirons à vivre enfin dans un pays de liberté, où chacun puisse profiter du fruit de son travail.

Mais il est bien court, le temps des cerises.

On connaît la fin. Le retour fulgurant du général. Il parle le 30, à 16 h 30, à la radio seulement, comme au temps de Londres. Au même instant, des centaines de milliers de personnes défilent sur la place de la Concorde, drapeaux tricolores à la main cette fois. Il nous met en rang, le vieux, et la France profonde lui donne, quelques jours plus tard, une majorité parlementaire conservatrice hors de toute espérance. Le parti de l'ordre qui, l'espace d'un mois, s'était calfeutré derrière ses rideaux, prend sa revanche et récupère dans ses filets les pleutres, effrayés de s'être laissés aller à tant de liberté.

Fin juin, le chef de l'État revient sur l'événement à la télévision. Celui qui a traversé tant de tempêtes et est resté debout fait preuve de grande lucidité. Le de Gaulle de juin 1968 retrouve les accents de l'auteur des *Mémoires de guerre*. Il faut associer les forces du travail et celles du capital. Ces dernières ne pardonneront pas au vieux général son audace ultime… Elles sauront tirer, dans l'ombre des cabinets feutrés, les poignards politiques pour l'exécuter sans vergogne dix mois plus tard.

Début juin, je retourne pour quelques jours au collège. Madame Sudre, le professeur de français, propose une dissertation sur le thème du bonheur. Je rédige en quelque sorte mon premier texte politique, très marqué par ce qui vient de se produire. Le professeur hésite, mon propos va loin. J'aurai la meilleure note, même si j'ai sérieusement secoué le texte du philosophe Alain.

Le chant de mai, c'est une irruption soudaine, une fulgurance qui éclate dans un monde qui ronronne et s'ennuie. C'est l'éclatement brutal des vieilles règles qui nous tiennent. Le lycéen occupe son lycée, l'étudiant son université. Les jeunes prennent la parole, confrontent leur verbe à celui du vieux qui a fait la guerre, a perdu, a collaboré, a résisté, a gagné, que diable, c'est un vieux. Ça brise toutes les entraves – *il est interdit d'interdire* – on lance des pavés réels ou symboliques sur ce qui évoque l'ordre ancien.

Bouleversement qui effraie. Peur des nuits de batailles rangées dans les rues de Paris alors que l'autorité coupe aux radios les moyens de diffuser et de communiquer en direct sur l'événement. Mais le téléphone, celui des cabines, fait son œuvre, le journaliste fait son travail, dit la lutte.

Sourire goguenard quand Cohn-Bendit, l'emblématique leader franco-allemand, est expulsé de France et revient la nuit même par les chemins de traverse.

Jeannot me réveille au petit matin : « Cohn-Bendit est de retour à Paris, il est à la Sorbonne. Il dit que la France est belle de ses sentiers qui sillonnent à travers la campagne. »

Pied de nez au général et à Pompidou, tout est chamboulé. Le désir trop longtemps cadenassé par la vieille morale brise brutalement les chaînes, le flot contenu se déverse.

Le chant de mai, c'est la redécouverte de la force des luttes collectives, les salaires sérieusement augmentés, une nouvelle semaine de congés payés accordée, une profonde réforme de l'Éducation nationale, une façon différente de vivre les rapports sociaux et le regard porté sur la jeunesse. C'est la dénonciation de tous les pouvoirs autoritaires, celui du général et celui que défendent les communistes. Il ne faudra pas quinze ans pour qu'ils abandonnent la prééminence sur la gauche au Parti socialiste, qui a su capter en partie l'élan donné par la jeunesse de mai. La Révolution ne regarde plus vers Moscou et si certains en pincent pour Pékin, ils ne sont pas légion.

Celui qui a vu ses certitudes, faites de tradition et de respect de l'autorité, bousculées par l'espérance, la parole libérée, garde en son cœur un trésor caché, richesse indicible. Quand les mots *guerre, injustice, exclusion, intégrisme* le frappent de plein fouet, quand le vieil ordre moral tente de refaire surface, il écoute en lui-même la douce musique du chant de liberté, *Le Chant de mai.*

À GEORGES

À toi Georges ces lignes ; à toi, pour toi. Elles ne racontent pas ton histoire, ne dessinent pas ta biographie. Elles disent une rencontre, notre rencontre. Elles font ressurgir quelques moments forts des années partagées entre toi, le Maire, l'homme du grand dessein pour ta ville, et moi, le chef de service et défenseur d'une cause, celle de ceux qui désirent vivre dans la ville.

Printemps 1980, Assemblée générale du GIHP. Tu es là, applaudi dès ton arrivée. Les personnes handicapées reconnaissent l'importance du travail accompli depuis trois ans que tu es à la mairie. Un service de transport pour les personnes à mobilité réduite qui dispose des moyens pour assurer sa mission, c'est fabuleux. Et surtout, elles se sentent écoutées.

Je déroule le rapport d'activité à la suite du rapport moral présenté par la Présidente, Josiane Criscuolo.

Fin de la réunion. Tu t'avances vers nous, encore à la tribune. Tu m'interpelles :

« Et vous, que faites-vous ? »

– Je viens de finir ma thèse d'histoire économique et sociale sous la direction de Jean Bouvier et je cherche du travail. J'espère entrer au CNRS, mais...

– Jean Bouvier, j'ai travaillé quelques années avec lui à l'occasion de son doctorat d'État consacré au Crédit Lyonnais. C'est un ami. Appelez-moi, je souhaite vous avoir dans mon équipe. »

Quelques semaines plus tard, Madame Eyraud, qui fait fonction auprès de toi de directrice de cabinet à la mairie, m'appelle : « Monsieur le Maire pense à vous pour un poste. »

À la rentrée 1981, parole est tenue, je suis à la mairie, chargé de créer et de diriger le service des relations avec les personnes handicapées.

Après-midi d'octobre 1981, tu m'appelles.

« Vincent, je souhaite que tu me rejoignes au cinquième étage. Je veux prendre un peu de temps avec toi pour préciser l'organisation et les contours du service que je viens de te confier. »

Tu es assis derrière ton bureau, silhouette impressionnante de puissance que je perçois confusément, dos tourné à la grande baie vitrée qui me fait face et domine la ville. Nous commençons à travailler. Le téléphone. En ligne, le Directeur de Cabinet de Gaston Defferre, le ministre de l'Intérieur. Tu écoutes, tu mets le haut-parleur qui me permet d'entendre. Le bras droit du ministre te sollicite pour participer au financement d'une réunion socialiste dans la région de Marseille. Soudain : « Monsieur, allez dire à votre ministre que je ne pensais pas en avoir fini avec le jacobinisme parisien pour devoir soutenir aujourd'hui le jacobinisme marseillais. » Et tu raccroches.

Moi, en face, je suis bouche bée, comme soufflé par l'orage. Je sens ton regard :

« Alors, tu comprends pas ?

– Mais, c'est le représentant de Defferre, le ministre de l'Intérieur !

– Et alors. Vincent, écoute-moi. Dans la vie, il faut se faire respecter. Ne recule jamais, tu m'entends, ne recule jamais, surtout toi qui es aveugle. Quand on recule, on te marche dessus. »

Urbat et les autres machines à financer le Parti socialiste ne mettront jamais les pieds à la mairie de Montpellier et toi, Georges, tu ne seras jamais inquiété par les turpitudes qui altèreront la crédibilité du parti de François Mitterrand. Moi, je m'efforcerai de suivre le conseil.

Début 1982. Je sors d'une réunion à la Direction départementale du Travail et de l'Emploi. Je viens d'assister au dialogue entre un homme sourd et le directeur, dialogue traduit par Anne-Marie, fille de parents sourds. Elle m'interpelle : « Puis-je venir vous voir à la mairie, j'ai un projet à vous présenter. » Rendez-vous est pris.

Anne-Marie suggère que la commune crée un poste d'interprète en langue des signes pour permettre aux personnes sourdes de la ville d'accomplir leurs démarches administratives, médicales, voire plus personnelles. Elle raconte leurs difficultés pour communiquer avec autrui et combien la langue des signes les y aidera. Je consulte quelques associations et Paule Pellecuer, interprète de haut niveau, dont la parole fait autorité. Je te présente le projet, tu écoutes mes explications.

« Carte blanche, Vincent, c'est une excellente idée, tu vois le Secrétaire général et vous recrutez. »

Les projets avec toi, quand ils sont judicieux, qu'ils correspondent aux demandes de la population, ça va vite.

Automne 1983. IPS, l'association que je préside, est en grande difficulté financière. La cause : les six mois de retard mis par le Centre Hospitalier Régional pour honorer les factures de prestations de services. Le directeur du Crédit Coopératif, à mon insu, vient te trouver. Démarche peu délicate vis-à-vis d'un président dont il n'ignore pas qu'il est un de tes collaborateurs. Tu me fais appeler en présence du directeur.

« Vincent, Monsieur ici présent est inquiet. Que se passe-t-il ?

– Tu le sais Georges, l'hôpital nous doit 30 000 francs, l'équivalent de l'actuel découvert au Crédit Coopératif. C'est pour cela que j'ai sollicité un rendez-vous auprès du cabinet du ministre.

– Mais combien te faut-il pour remettre les comptes à flot ?

– Rien, il faut que l'hôpital règle ses factures, ce n'est pas à la Ville de payer.

– Bon, je mets 30 000 francs, quand l'hôpital paiera, ça te fera un ballon d'oxygène. »

Tu te tournes alors vers le banquier et dis : « Vous entendez, je couvre. Maintenant, n'y revenez plus. »

C'est ce qui s'appelle être soutenu, épaulé.

Tu es comme ça, Georges, tu es l'homme qui avance et permet d'avancer. Un ministre m'avait fermé la porte, il me refusait le droit de concourir à l'agrégation d'histoire, toi, tu me donnes carte blanche pour faire de Montpellier une ville ouverte aux personnes handicapées. Tu ne m'as jamais marchandé ton soutien, politique et financier. Alors, alors nous avançons.

De l'édification inventive d'Antigone et du travail avec Ricardo Bofill, du développement du GIHP à celui d'IPS, des initiatives en faveur des personnes sourdes, aveugles ou handicapées psychiques jusqu'au projet de tramway, un modèle d'accessibilité pour tous, tu impulses, tu soutiens, tu accompagnes. L'Europe, en faisant de Montpellier un des douze districts pilotes pour l'insertion des personnes handicapées, nous salue, te salue.

1983 toujours. Accompagné de ma secrétaire, Cathy, nous montons à Paris où rendez-vous a été pris au ministère du Travail. Nous allons soutenir un projet susceptible de nous conférer des moyens supplémentaires. Arrivés sur place, nous apprenons d'une secrétaire que Madame Françoise Lion qui doit nous recevoir a dû partir pour un autre rendez-vous. Tu te lèves, tel un géant, tu fulmines :

« Comment, nous nous sommes levés à quatre heures du matin pour honorer ce rendez-vous pris par mon cabinet il y a plusieurs semaines. C'est inadmissible de traiter les gens comme ça. » Ta voix est puissante, fait trembler le parloir où nous sommes installés.

La secrétaire, penaude, s'en va. Quelques minutes plus tard, nous sommes dans le bureau du ministre. C'est cela se faire respecter. Puis, pour fêter la victoire, tu nous conduis à l'Assemblée nationale où tu nous offres une magnifique visite guidée de ce lieu central de la démocratie française. Ici, l'historien que tu es reprend le dessus. Tu racontes l'histoire de l'édifice et évoques quelques grands moments des batailles parlementaires. Tu demandes à l'huissier à ce que l'on ouvre l'hémicycle. Tu me prends par le bras, me pousses vers le *perchoir* et me dis : « Tiens, pose ton cul sur le siège de Napoléon III. » Quel moment !

Fin mars 1993. Tu viens d'essuyer une cruelle défaite électorale face à Gérard Saumade. Il est 17 heures. Je monte au cinquième porter un parapheur à ta signature. Sur le palier, Madame Eyraud. Je dis :

« Pour le Maire. Comment va-t-il ?

– Pas bien Vincent. Il est ici, vous pouvez entrer si vous voulez. Il vous aime bien, vous savez, ça lui fera du bien. »

Tu es là, assis à ton bureau, tu termines une conversation téléphonique avec ta fille aînée. Tu me fais asseoir. Tu dis : « Vincent, c'est terrible, on profite que j'ai un genou à terre pour frapper ma famille. » Tu pleures, devant moi. Échange entre hommes blessés par la vie, moment de profonde vérité humaine, en moi gravé à jamais.

Tu es comme ça Georges, tu gueules et tu pleures. Tu es l'homme de combat, au verbe haut, truculent, un Rabelais des temps modernes. Tu es en même temps l'homme sensible. L'homme de cœur, on le connaît peu. Ce n'est pas l'homme des estrades, c'est celui que j'ai rencontré, que j'ai aimé.

1994 : l'affaire du GIHP. Un nuage entre nous. Je sais, je te peine, je contrarie ta politique en attaquant la Présidente qui en est le symbole, Josiane Criscuolo. Tu n'apprécies pas l'action que je mène, peut-être crois-tu que j'agis pour prendre la place. Tu confies le dossier à André Vezinhet. Au terme de mois difficiles, usants, et de deux procès, nous réglons l'affaire et sauvons le GIHP. Mais toi, tu gardes fidélité à Josiane, tu n'oublies pas l'œuvre immense réalisée, respect de la personne qui t'honore.

Le nuage se dissipe.

Soir de 1999 dans ton bureau. Il est tard, nous sommes tous les deux. Je viens te parler de la situation au Centre Communal d'Action sociale de Montpellier et plaider pour des moyens supplémentaires. Tu dis :

« Vincent, le social, je ne comprends pas comment ça marche. Je sais que vous accomplissez un travail fantastique, indispensable, mais toute cette organisation, c'est pas mon truc. C'est pour cela que j'ai confié le CCAS à André, maintenant à Daniel. Vous avez toute ma confiance. Je suis plus à l'aise dans le développement de la ville ou dans la culture. Mais au fond, quand je permets aux jeunes d'aller presque pour rien aux concerts, au théâtre ou à la bibliothèque, n'est-ce pas aussi du social ? Ouvrir la culture aux jeunes et à tous, à ceux qui ne pourraient pas l'approcher, me semble aussi important que de donner un soutien financier, même s'il y a de la pauvreté à soulager. »

Puis tu te lèves, tu me prends par le bras et me conduis près de la grande baie vitrée :

« Vincent, tu ne le vois pas, d'ici, la ville est magnifique, des grues un peu partout, des immeubles qui montent, de nouveaux espaces qui se créent. Je voudrais tant que tu le perçoives, c'est pour ça que je te le raconte. Travailler au développement de Montpellier, c'est exaltant, j'y mets toute ma passion de vie. »

Voilà, Georges, les souvenirs viennent me rejoindre, comme pour te garder vivant. Souvenirs de l'homme d'action, de l'homme tendre. D'aucuns t'ont considéré comme un homme au verbe haut, parfois excessif. Ils ne savent pas combien tu as ferraillé pour réaliser tout ce que tu as construit. Au long de ton parcours politique, tu as affronté nombre d'obstacles, des tempêtes. Tu as dû résister et vaincre. Au long de ton combat pour Montpellier, tu as souvent été amené à trancher, écartant les uns, soutenant les autres et tes choix ne t'ont pas amené que des amis. Mais c'est ça la politique, choisir, décider et convaincre.

2007 : on inaugure le nouveau siège de l'Union des Aveugles de Montpellier. Tu es là, tu as mis la main à la poche, en ta qualité de Président de la Région cette fois. Soudain, dans ton discours tu lâches :

« Vincent, c'est mon frère ! »

Étais-je ton frère ? Je me sentais et me sens toujours plutôt ton fils, fils spirituel d'un homme qui m'a tant et tant appris, qui m'a tant et tant donné. Je garderai ceci :

L'homme, s'il veut avancer doit voir loin, avoir un projet, une stratégie et ne pas reculer. Cela, je le conserve comme un trésor.

Merci Georges.

NOUS CHANTERONS L'INTERNATIONALE

J'ai toujours eu grand appétit à écouter, à lire la vie des hommes, à m'enthousiasmer devant les créations. J'ai tremblé face aux drames. Dès tout petit, j'ai été happé par les tourbillons du monde.

Blotti contre la *table du poste*, tout près de Pierrot qui voyage sur les ondes, j'écoute. Le grésillement de la radio déverse dans mes fragiles oreilles des mots incompréhensibles, Indochine, guerre, soldats, morts, blessés, Diên Biên Phu. Qu'en dire, qu'en faire ? Les lancer à la volée dans mon verbiage d'enfant comme d'autres jouent aux osselets ? Devant ces mots, les grands ne rient pas.

La radio encore. Louison Bobet, le Tourmalet, le maillot jaune. Dans la chaleur de juillet, la famille vibre, s'enthousiasme, j'applaudis avec les miens.

Encore et toujours le poste, un mot, Algérie, un mot supplante tous les autres, envahit la maison. Toute la famille l'a sur les lèvres, de l'aube jusqu'au soir, du papet jusqu'à la mère, des frères jusqu'à la sœur et jusqu'à tous ceux qui viennent au Mas. Un nom, et des paroles s'enchaînent, attentats, guerre, blessés, France… Des cris à la radio, des femmes, des enfants, des hommes hurlent. On parle de bombes qui explosent, mais c'est quoi des bombes et qu'est-ce que ça fait ? Algérie, un nom qui colle à un autre, présent dans mon cœur, Jeannot. Algérie, la radio, le matin, à midi, le soir, et le facteur que l'on attend au point du jour avec angoisse. Algérie, des voix de journalistes, des voix d'hommes qui nous commandent, les politiques dit Pierrot, Guy Mollet, le général de Gaulle, des sonorités se gravent en moi.

Algérie, ça dure, des mois, des années. Jeannot emporté sur la mer. Peine, crainte de tous, des lettres presque tous les jours. Puis il revient, mal arrangé mon Jeannot, il a toujours peur, « attention », répété chaque seconde.

Puis Riri s'en va ; revient. La passion dans la famille. *L'Algérie, c'est la France*. Le Mas fait sienne la formule de Mitterrand.

De Gaulle, le sauveur, il va la garder, l'Algérie, mater les Arabes qui tuent nos soldats et les Français comme nous. Catastrophe, le général la lâche, l'Algérie. Les Arabes ont gagné. Colère dans la famille, Pierrot est comme fou. Marthe, une cousine venue de Colombier, me tient sur ses genoux. Elle risque autre chose. « L'Algérie c'est pas chez nous, ces gens étaient malheureux, dans la misère, est-ce qu'on les a aidés, est-ce qu'on les a aimés ? » Je n'écoute pas, je suis du côté de la famille et de nos soldats qui se sont battus pour que cette terre reste nôtre. Je répète avec morgue la parole de mes proches.

Un peu plus tard, Jeannot parle, dévoile la torture, dit la demande d'un gradé d'exécuter de sang-froid un prisonnier, avoue sa désobéissance cachée.

Plus tard, encore plus tard, les lettres, 277 au bord de mon bureau. Jeannot a écrit. Les embuscades. La cruauté des combats. La grande misère des Algériens, les maisons de torchis, la saleté, le dénuement le plus total. En face, les belles fermes des colons que l'on garde les armes à la main. Mais pas un verre d'eau pour les soldats durant les nuits de veille, quand la fête s'exhibe à l'intérieur !

Les mots tracés par mon frère cassent mes certitudes d'enfant. Une plaie s'ouvre en moi, j'ai mal à mon pays, à nos soldats. Un désastre a eu lieu que je ne soupçonnais pas. Tout à coup, je vois les choses autrement.

1957. Ce matin, pas de lumière dans la cuisine quand je me lève. La radio est muette, que se passe-t-il ?

« C'est la grève, dit Pierrot.

– Et c'est quoi la grève ?

– Ce sont des travailleurs qui ne sont pas contents et qui, pour se défendre, arrêtent de travailler. Comme ça gêne tout le monde, ça embête le patron, qui est forcé de discuter et doit souvent accorder aux salariés une partie de ce qu'ils demandent, on appelle ça, négocier. Mais parfois, comme il y a quelques années dans les mines, ça tourne mal, on se bat. »

J'écoute, ne comprends pas tout.

1965. Première élection du Président de la République au suffrage universel, je vis l'événement. La radio, Pierrot, toujours aux commandes. Et maintenant, le magnétophone que pilote Jacquot. Il enregistre les discours pour se les repasser. Je suis emporté par la passion des débats, c'est plus fort que moi, je veux tout écouter même très tard, quand des face-à-face opposent de grandes personnalités politiques. Je suis subjugué par les voix des candidats, timbre jeune et gai de Jean Lecanuet, voix claire et chantante de François Mitterrand, qui jongle avec les mots comme un artiste joue avec les couleurs. Au second tour, il recueillera les voix de la famille, détestation du général oblige. Je viens d'avoir quinze ans et vibre encore à l'unisson du Mas.

Mai 68. La radio vingt-quatre heures sur vingt-quatre. Le vacarme des combats de rue, le claquement sec des pavés jetés sur les forces de l'ordre déferlent dans la salle à manger. La verve des leaders étudiants, ouvriers, me saute aux oreilles, leurs proclamations enfiévrées me prennent aux tripes. Le toupet de Daniel Cohn-Bendit subjugue tout le monde, il désarçonne les routiers de la politique devant les caméras d'une télévision en grève. Les discours enflammés des politiques m'emballent, m'exaltent. J'écoute Mitterrand, encore Mitterrand, sa parole envoûte, me soulève. Mendès-France, ça sent le sérieux, l'austère. Et la famille qui se rassemble, échange, se passionne, prend peur parfois. Je la vois qui oscille, creuse sa réflexion, change doucement de cap.

21 août 1968, huit heures. Jacquot entre brutalement dans ma chambre, me réveille.

« Vincent, les chars soviétiques viennent d'entrer à Prague. » Je bondis de mon lit, furieux, colère : « Les communistes, ils ne changeront donc jamais ! » Peur de la guerre, mais à midi, sur Europe n° I, Jacques Paoli explique :

« Il n'y aura pas de guerre pour Prague, depuis Yalta, les grands, Américains et Russes, se sont partagé le monde. » On espère que de Gaulle va dénoncer le forfait, tiens, tiens ! Le vieux général en reste au discours. L'Histoire pèse sur la marche du monde.

Puis vient septembre, j'entre au lycée de Bagnols, première porte pour aller plus loin. Le temps est venu pour moi d'ouvrir les livres. Les écrits m'arrachent à la radio et au brouhaha de la parole. Je m'enfonce dans le silence des textes. Des lignes d'illustres glissent sous mes doigts, Platon, Montaigne, Montesquieu, Voltaire, Diderot, Rousseau, Marx, Freud... Quand elles ne glissent pas sous la pulpe de l'index, elles rejoignent mes oreilles par le truchement d'un généreux lecteur. Puis viennent les grands historiens, Pierre Goubert, Roland Mousnier, Philippe Vigier, Fernand Braudel, Marc Bloch, Georges Duby, François Furet et tous les autres. J'entame, joyeux, une autre découverte du monde. Les penseurs m'accompagnent, font surgir en moi une voix que je ne connaissais pas. Le temps de l'analyse personnelle se profile, j'ai les outils pour la conduire.

Le monde n'est pas que celui dépeint par les passions qui s'expriment autour de la table du Mas. Là s'enracinent des peurs irrationnelles sur la foi de discours non discutés, de paroles insuffisamment questionnées. C'est tout le difficile de creuser les sujets qui nous touchent de trop près. Il faudra du temps pour comprendre que les communistes qui gèrent les villes toutes proches de Nîmes et d'Alès ne sont pas ceux de Moscou. Ce n'est pas le Fernand, le boulanger de Connaux, qui chante l'Internationale accompagné au piano par la mère, qui emportera un jour les terres du Mas à bout de souffle. C'est le marchand de produits et de graines de Bagnols, qui sait faire commerce et fait travailler son argent, qui s'en saisira.

1980-1981. J'en ai fini avec les études. L'enfant du Mas est docteur en histoire économique et sociale et ouvre les portes du monde du travail. Je partage avec tout le pays un grand moment d'Histoire. Depuis 1976, accompagné de Jeannot, j'ai rejoint les rangs du Parti socialiste, dans la foulée de Michel Rocard et d'une partie de l'équipe du PSU, la formation de gauche dans laquelle je me reconnais.

On le sent, on le sait presque, on l'espère, on le veut, les choses vont changer. Mais la Gauche qui s'apprête à gagner est en débat.

D'un côté, Michel Rocard. Il prend appui sur l'analyse du réel, comme le suggérait Jaurès. Il n'est pas de ceux qui pensent que tout se règle par la Loi et les décisions qui partent du sommet. Il fait davantage confiance à l'enthousiasme des hommes, à leur capacité à créer, à inventer les formes nouvelles d'organisation, c'est ça l'autogestion. Pas de grandes promesses qui font rêver. Un soir de débat à la télévision, Michel Rocard lâche :

« Je n'ai jamais cru que le rêve soit de gauche. » Il propose l'édification d'un État stratège qui impulsera les grands changements portés par la base. Inutile de perdre son argent dans d'innombrables nationalisations que, tôt ou tard, on devra défaire. Il faut accompagner la transformation sociale qui est l'affaire des citoyens, qui repose sur leur engagement, socialisme du réel et de la responsabilité.

Je viens de passer quatre ans à travailler avec Jean Bouvier à la préparation de ma thèse. Je sais la force des lois et des puissances économiques. Rocard capte mon adhésion par cette vision différente du changement espéré. Il ne s'agit plus d'attendre que l'on nous donne, nous sommes appelés à faire, à prendre part à l'édification de cette société nouvelle que nous appelons de nos vœux. Il y a là quelque chose qui entre en cohérence avec le travail d'analyse que je viens de mener sur les questions viticoles. J'adhère sans réserve à la vision ambitieuse tout autant que rigoureuse que Michel Rocard propose.

De l'autre côté, François Mitterrand. Magie du verbe, il s'exprime ce dimanche de novembre 1980 à Marseille. Je l'écoute avec mes proches, une fois encore époustouflé. De grandes promesses, nationalisations, baisse de la durée du temps de travail, augmentation des salaires, des retraites, que l'on prendra à soixante ans. C'est sûr, ça soulève l'enthousiasme des foules !

Le discours l'emporte sur la raison. Le 10 mai 1981, c'est Rocard qui parle à 20 heures à la radio et à la télévision, mais c'est pour célébrer la victoire de Mitterrand que l'on débouche le champagne. Espérances et déceptions, ainsi va la vie, le réel résiste. Deux ans plus tard, les comptes du pays sont dans le rouge, il faut mettre un frein aux belles promesses. Mais François Mitterrand, accompagné par Robert Badinter, a aboli la peine de mort, ce n'est pas rien.

22 avril 2002, il est bientôt 20 heures. La famille, la mienne, Régine mon épouse et nos quatre filles, Claire l'aînée, jeune électrice, Guillemette, Madeleine et Marie, est rassemblée autour de la table. Le repas est bon, il y a même du foie gras ! Il nous restera en travers de la gorge. Chose exceptionnelle, la télévision est allumée, nous guettons les résultats du premier tour de l'élection présidentielle.

20 heures, le couperet tombe. C'est Jean-Marie le Pen qui affrontera Jacques Chirac au second tour. Nous sommes

effondrés, atterrés. Claire fond en larmes : « C'est la première fois que je vote et je devrais voter pour un candidat de droite ! Mais papa, c'est pas possible ! Qu'est-ce qui se passe ? »

Ce qui se passe ! C'est que TF1 a réussi son coup. À force de faire peur à partir de faits exacerbés, on a qualifié pour le second tour un Français bonhomme, un artiste de la manipulation des petites gens, quelque chose comme un roi fainéant des temps modernes, face à un épouvantail d'extrême droite. L'homme honnête, travailleur, Lionel Jospin, dont les résultats économiques et sociaux sont remarquables, éliminé. C'est ça la politique. La démocratie, ce n'est pas toujours le meilleur qui gagne, la ruse, le savoir-faire, sont parfois plus efficaces.

Quelques jours plus tard, entre deux tours des présidentielles, autour de la table du Mas.

« Mais Riri, tu ne vas tout de même pas voter pour le Pen ?

– Écoute-moi bien, Vincent. J'ai bientôt 66 ans, je vais prendre ma retraite, pas plus de 500 € par mois. J'ai travaillé toute ma vie depuis l'âge de 14 ans. Cette terre sur laquelle je me suis épuisé, elle me file entre les mains, ce sont les riches d'aujourd'hui, ceux qui font travailler leur argent, qui me la prennent. Tu sais, dans l'enclos là-derrière, j'ai quelques moutons. Pour arrondir les fins de mois, j'essaie de vendre quelques agneaux. Et bien !

Chaque fois, pour le Ramadan ou l'Aïd el Kébir, les Arabes viennent me les piquer pendant la nuit. Ils nous ont foutus dehors d'Algérie et viennent me narguer à deux pas de ma maison. Et si j'en flingue un, je vais en prison !

– Mais Riri, tout de même, c'est pas si simple !

– Pas si simple ? C'est la réalité. Toi et ton Frêche, vous êtes loin de tout ça. On vous a élus en 81, on a fait confiance à ton Mitterrand. Vous nous avez trahis, trompés, vous nous avez abandonnés. »

De la table du poste à la grande table du Mas, des discussions et disputes en famille aux joutes universitaires, de mon travail de fonctionnaire à mes engagements militants, ma vie va. Elle va, tantôt en écoute, tantôt en lecture, beaucoup en agir. Les soubresauts qui agitent le monde m'interpellent, me secouent, me concernent.

J'ai vécu la déchirure provoquée par la perte de la terre aimée du Mas. Riri, ce ne sont pas les Arabes qui te piquent quelques agneaux dans ton enclos qui l'ont emportée, ta terre, mais bien les lois économiques du moment qui font la part belle aux *seigneurs* des temps modernes. Je suis en deuil, traversé d'une peine inextinguible. J'ai eu les larmes aux yeux à la lecture de *Germinal* et du récit des grandes luttes ouvrières. Je suis proche des femmes, des hommes mobilisés à défendre leurs métiers et dont le désir est de vivre, de vivre libres et dignes. Nos droits d'aujourd'hui, nos pères en lutte les ont conquis par leur courage, le sang versé. La foule des hommes se harasse, et quelques-uns amassent. La lutte des classes et la théorie de la plus-value ne sont pas des chimères, mais des réalités vivaces. L'exploitation de l'homme par l'homme, ça existe, ça perdure, ça insiste partout dans le monde. Je suis concerné par l'humanité en souffrance et en lutte où qu'elle soit.

J'ai lu et étudié les drames du vingtième siècle, la chair à canon fabriquée au nom des nationalismes, les idéologies meurtrières fondées sur la désespérance des hommes plongés dans la misère. Et je vois ces maux funestes auxquels l'on n'a pas porté remède ressurgir, menaçants, nationalisme, populisme, obscurantisme. Je lis l'inexorable progression des inégalités, des riches toujours plus riches et de moins en moins nombreux, des pauvres toujours plus pauvres et qui font foule. Le fossé se creuse, devient abîme. Et la création, notre terre, notre bien commun que l'on dégrade, à qui on livre bataille, combien de temps nous portera-t-elle ? Je suis épouvanté. Y a-t-il une fatalité qui briserait toutes les planches de salut ?

Épouvanté, sans doute ; indigné, à coup sûr ; résigné, certainement pas.

J'ai écouté, lu, vécu ; je reste aux aguets. J'assiste éberlué aux profondes métamorphoses du monde, aux progrès vertigineux des connaissances scientifiques et des technologies nouvelles. Les échanges économiques et humains entre les pays s'intensifient, et pas toujours pour notre malheur. La mondialisation est un fait constitutif de notre réel et s'impose à nous. Pourtant, cette frénésie du bouleversement semble échapper à tout contrôle des peuples. On dirait que la mécanique mondiale s'est faite folle et ne répond plus à aucun contrôle qui en canaliserait le flux. Les guerres qui secouent nombre de pays, souvent parmi les plus pauvres ; le populisme qui ressurgit dans le monde occidental et développe des thèses tintées de racisme ; l'apparition d'idéologies intégristes, mortifères ; les comportements de groupes puissants, qui menacent l'existence de la planète ; tout cela inquiète, m'inquiète.

Je pétris ma réflexion, je lance des idées comme des petits cailloux jetés à la volée, petites pierres finement sculptées au ciseau de la réalité.

Je paraphrase la parole du Christ : « L'homme ne peut servir deux maîtres, l'Homme et l'argent. »

L'argent, la finance, dominent le monde, dictent leurs volontés aux peuples, aux politiques qui, serviles, se couchent devant leurs exigences. Tout semble craquer, se déliter. Les idées de bien commun, de service public, de solidarité, de fraternité, sont battues en brèche, seule compte la réussite matérielle. La réussite de qui ? De quelques-uns. Et si d'aucuns jugent mon propos exagéré, qu'ils aillent dans les campagnes, les usines, celles qui nous restent, les bureaux, les hôpitaux. Qu'ils aillent dans les quartiers de banlieues. Qu'ils analysent les scrutins électoraux et, s'ils ont des yeux pour voir, des oreilles pour entendre, ils se rendront à l'évidence.

« Si tu veux manger avec le diable, il te faut prendre une longue cuillère », dit mon amie Simone. Comme elle a raison, cette amie avisée. Certains, qui se déclaraient ennemis de la finance, se sont essayés à manger avec le diable, et sans cuillère aucune. D'absence de vigilance en renoncements, ils ont sali le beau nom de Socialiste et une nouvelle fois assassiné Jaurès.

L'homme individuel, autocentré sur sa propre personne tue l'Homme Fraternel. Nous avons à remettre sur le métier le travail des idées, des valeurs, poser notre réflexion sur un socle solide. Reparler de grande fraternité humaine est essentiel, de solidarité, d'humanisme. Nous devons rendre au mot réforme son sens originel, historique, qui signifie progrès, avancée économique, sociale, avancée dans les droits et libertés de l'Homme. Que soient honnis ceux qui dévoient le mot pour le mettre au service de la régression sociale sous toutes ses formes.

« Ouvriers, paysans, nous sommes le grand parti des travailleurs. La terre n'appartient qu'aux hommes, l'oisif ira loger ailleurs. »

C'est l'Internationale. Je l'ai chantée, je la reprends, je la porte en mon cœur. C'est le chant de ceux qui travaillent dans les campagnes, les usines, de ceux qui triment sur les chantiers, qui se donnent pour instruire nos enfants ou remettre debout ceux que la vie a blessés, de ceux qui cultivent les choses de l'esprit pour éclairer l'horizon. Il fait des femmes, des hommes en travail, la grande fraternité humaine. L'ennemi n'est pas plus *le Viet* que *l'Arabe*, il n'est pas davantage l'exilé, l'immigré qui frappe à la porte et entre parfois avant qu'on ne lui ouvre. S'il y a un ennemi, un adversaire, c'est un système, le capitalisme, et une méthode à son service, le libéralisme. Leurs maîtres-mots : consommation, profit. Leur méthode de travail : l'exploitation des plus faibles et l'opposition des travailleurs entre eux, et tant pis si, par-dessus le marché, on détruit la planète. Et l'ennemi est solide, bien implanté dans les consciences, servi par d'imposants moyens de communication.

Pour le déloger, les propos de tribuns inconséquents et leurs effets de manches autour de belles promesses, qu'ils ne tiendront jamais, ne sont pas de mise. Notre premier chantier, reconstruire, pierre par pierre, un grand mouvement social fondé autour d'un large engagement citoyen. Il aura à porter, donner souffle au processus de refondation d'un projet humaniste et social. La force du peuple uni ne sera pas de trop pour vivre la prochaine nuit du quatre août et abolir une nouvelle fois les privilèges. Le salut ne viendra pas d'en haut, d'un leader charismatique. Il repose sur notre capacité collective à bâtir une société solidaire, ouverte, déterminée à donner à chaque enfant, à chaque femme, à chaque homme, les droits fondamentaux auxquels notre humanité peut aspirer et qui ont noms : se loger, se nourrir, s'instruire, se soigner, travailler, se cultiver, vivre en paix. Ouvrir de tels droits à tous, c'est le combat pour la dignité de l'homme. Pour y parvenir, foin des belles paroles, des promesses de lendemains qui chantent et se transforment en jours de peine et de désillusion. Nous avons à réinventer de nouveaux outils pour agir et dompter les fauves de la finance. Ils se nomment pouvoir du politique sur l'économique, démocratie dans l'entreprise, régulation du marché, justice fiscale, Europe sociale, économie et croissance durables.

Les rares cheveux grisonnants qui ornent le sommet de mon crâne témoignent du long chemin parcouru. Il me reste quelques enjambées à faire avant d'atteindre au but et de pousser la porte qui m'ouvrira au Grand Inconnu. Sur ce chemin, je chanterai, pour que nos enfants le connaissent, le chant de l'espérance des peuples, le chant de l'Internationale. J'irai tranquille, proclamant mes idées de fraternité, de solidarité, de justice et de liberté. Je n'oublierai pas le caractère fragile de la création et je m'efforcerai de prendre soin de la belle Terre qui nous porte. Je resterai au service des valeurs qui, dans notre Histoire, ont ouvert de beaux moments de progrès et qui ont pour noms : Front Populaire, Libération.

Oui, contre vents et marées, je suis SOCIALISTE.

CROIRE SANS VOIR

Est-ce que je crois en toi ? Mon Dieu.

Tu es le grand présent de ma vie. Dès tout petit, au fond de mon lit d'enfant dans la chambre du Mas, tu es là. Après le *coucou* du matin, tu marques mon corps de l'empreinte du signe de la Croix, que la mère m'invite à tracer. Le soir, avant de fermer les yeux, le même signe, et la prière pour m'accompagner au pays des songes : « Mon bel ange gardien, garde-moi sous ton aile ; je te serai fidèle et je t'aimerai bien. »

Dans la douce voix de ma mère, mon Dieu, tu étais et seras jusqu'à son dernier souffle.

La mère, les deux mamets, surtout mamet Louise, me parlent de toi tous les jours. Le tonton curé, tonton Henri, quand il vient nous voir depuis son pays minier, me raconte des histoires qui t'évoquent. Des noms qui me fascinent jaillissent de sa belle voix, Abraham, Sara, Moïse, le roi David. Une histoire merveilleuse, l'Histoire Sainte, emplit mes oreilles. Tous me disent que tu as créé le ciel et la terre, que tu nous aimes tant que Jésus, ton Fils, est mort pour nous, mais qu'il est ressuscité le troisième jour. Comme tout cela est étrange.

Le dimanche, c'est le jour de la messe en famille, à Bagnols. J'aime entrer dans l'église Saint-Jean-Baptiste. Elle embaume l'encens et les chants en latin accompagnés de l'orgue y résonnent joliment. Ils me font chavirer de bonheur. La voix fluette de l'abbé Deloume apaise. Je ressens comme un mystère.

Un peu plus tard, à Marseille, on me parle de toi soir et matin, mais les soutanes noires me tourmentent. L'aumônier, avec son obsession du sexe et de l'impureté, me perturbe. Je me vois dévoré par les flammes de l'enfer, je suis comme égaré. Vient le Père Côte pour prêcher la retraite de ma Communion solennelle, il éclaire ton nom d'une tout autre lumière.

Tu es ma grande énigme. Comment la résoudre ?

À tâtons je te cherche. Le chemin qui me conduit vers toi est un carrefour de rencontres. Rencontre avec des femmes et hommes qui marquent ma vie et dont certains cheminent encore à mes côtés ; rencontre avec la musique ; rencontre avec ta Parole que je découvre dans l'Écriture, dans le livre des croyants, la Bible. Approches qui alimentent, nourrissent le débat intérieur qui me conduit vers toi.

Tu as mis sur ma route des êtres qui croient en toi, d'autres qui ne croient pas. Tu m'as révélé des prétendus croyants peu recommandables et des incroyants dignes d'estime, d'admiration, d'amour. L'évidence de ton existence ne saute pas aux yeux. Parmi les figures rencontrées et qui te confessent, la foi vivante de certaines m'a bousculé.

Deux femmes tout d'abord, Annick et Madeleine, toutes deux Franciscaines Missionnaires de Marie. Annick, théologienne, la pétillante, toujours en recherche, toujours en rencontre. C'est le feu de l'Esprit. Madeleine, l'infirmière, une voix douce, une tendresse de mère, la sûreté de la démarche. Du Congo au Maroc en passant par d'autres terres lointaines, elles ont bourlingué, les deux sœurs, offertes aux autres, à celui qui cherche, qui souffre, qui frappe. Et à plus de 65 ans, remplies d'audace, les voilà reparties pour se risquer, toujours enthousiastes, dans une nouvelle aventure spirituelle en Provence. Porter la Parole en en étant témoins, c'est là leur façon de te faire connaître. La Marthe et la Marie de l'Évangile avaient dû leur souffler dessus. Toutes les deux savaient tout à la fois être à l'écoute de l'enseignement et prendre à bras le corps les tâches quotidiennes, jusqu'aux plus difficiles. Leur authenticité m'a parlé de toi, leur souvenir m'accompagne, me dit la force d'un cheminement dans la foi, l'espérance et la charité.

Germaine, une autre femme de foi, mère d'une famille de cinq enfants. Quand je pense à elle, presque chaque jour, c'est la Jeanne de Brassens qui me vient à l'esprit

« … à la façon qu'elle le donne ; son pain ressemble à du gâteau et son eau à du vin comme deux gouttes d'eau. » Germaine, c'est la simplicité, la délicatesse, l'émerveillement devant ce qui lui est donné de vivre, c'est l'amour. Elle te porte en son cœur et à sa façon de te porter, elle te révèle à nous qui la rencontrons.

À côté de belles figures de femmes, celles d'hommes, eux aussi ancrés dans la foi, me donnent de t'approcher davantage.

S'avance en premier Germain, l'époux de Germaine, c'est la bonté faite homme. Le prêtre qui célèbre ses obsèques un jour de Vendredi Saint en l'église Sainte-Thérèse de Montpellier ose l'affirmation : « Aujourd'hui, l'Église enterre l'un de ses saints. » Le propos n'était pas exagéré. Autour de la table ronde, posée dans la cuisine de la maison de l'avenue de La Gaillarde, assis entre Germain et Germaine, j'ai partagé des moments rares de tendresse et de paix. La parole solide de l'un, les gestes délicats de l'autre s'enracinaient à coup sûr dans le commandement de l'amour laissé aux disciples au soir du dernier repas.

Sur le chemin de compagnonnage qui conduit vers toi, vient François, le quatrième fils de Germain et Germaine, l'homme du soin, de la main du malade tenue, de la parole qui réconforte. François, c'est mon autre frère, par l'esprit celui-là. Tout enfant, il me faisait sauter sur ses genoux au temps de vendanges, il est toujours là, présent quand je cherche la main qu'il faut saisir quand les forces me manquent. François le bien nommé, tu es l'image vivante de Jésus qui soigne, guérit, relève.

Jacques, l'ami fraternel, m'accompagne sur la route du sensible, celle de la musique, celle de la rencontre avec ta Parole. Il est pour moi, pour Régine et notre famille un point d'ancrage qui ne se dérobe pas.

Avec lui et dans la rencontre avec la musique, Jean Gouzes et son frère André, me parlent de toi à la manière de ta parole révélée aux disciples sur le chemin d'Emmaüs.

En tout cela, l'affection, l'accueil de l'autre, le sens du service, l'ouverture au sensible et à la création. Chez chacune de ces belles figures, dans la simplicité ou dans une quête spirituelle plus élaborée, un quelque chose de plus, qui irradie et touche l'autre en son intériorité.

Mes quatre dernières années de vie étudiante, passées au cœur d'une communauté œcuménique, a forgé le lien. Partage des tâches matérielles, prière communautaire quasi quotidienne, approfondissement de la réflexion autour de rencontres et conférences riches de sens, grandes fêtes liturgiques célébrées dans la joie et l'enthousiasme, ce beau moment de vie reste le creuset dans lequel s'est enracinée ma confiance en toi.

L'autre voie pour mieux te connaître emprunte le chemin de la musique, sa pratique, son écoute.

Soir de printemps, dans ma chambre de la cité universitaire du Triolet à Montpellier. La nuit est déjà avancée, j'ai travaillé tard aujourd'hui. Tout dort autour de moi. Je m'allonge dans mon lit, sur la chaîne stéréo, mais tout bas, les *Vêpres à la Vierge* de Claudio Monteverdi, le chant du *Magnificat* à six voix. Je suis emporté dans un autre monde par la beauté des voix et la subtilité des accords. Une lumière étrange m'envahit, m'apaise. Le chant d'action de grâce de la jeune Marie me prend dans ses bras, me berce, m'invite à ne pas résister, à me laisser emporter vers un ailleurs invisible. Ce qui m'entoure et fait silence dans la nuit paraît s'être évaporé sous l'effet enchanteur de la musique. Cette nuit-là, *Le Puissant fit pour moi des merveilles, saint est son nom*. Par les paroles qui ont traversé les millénaires, et la musique qui a franchi quatre siècles, tu t'es penché vers ton humble serviteur pour lui murmurer à l'oreille quelque chose de toi, quelque chose d'indicible, de palpable par le sensible de son être. Et ce n'est pas le brutal retour à la réalité, infligé par un camarade, venu en pleine nuit me parler de la ligne politique du Parti communiste, qui y changera quoi que ce soit. Dans le silence de ma chambre, tu m'as visité.

L'écoute du Salve Regina chanté par les moines cisterciens d'Aiguebelle, les liturgies splendides de l'abbaye de Sylvanès, ma participation à de nombreux concerts, le *Requiem* de Mozart, la *Passion selon Saint Jean* de Bach ou l'exécution de ces mêmes *Vêpres à la Vierge*, sont des expériences extraordinaires. Elles me suggèrent quelque chose de ta présence. Celle de la nuit du Triolet reste initiatique.

Le soir vient de tomber sur l'abbaye d'Aiguebelle. Au cœur de la basilique romane qui se dresse depuis huit siècles, les moines entonnent le chant du *Salve Regina*. Les robustes voix mâles débordent d'amour vers leur mère du ciel. Que se passe-t-il dans ces fermes poitrines ? Le chant bouleversant de simplicité me remue jusqu'aux larmes.

Après-midi du Vendredi Saint, seul dans ma maison. Sur la stéréo, la *Passion selon saint Matthieu* de Bach. Je comprends. Le Christ ne s'est pas avancé vers le Golgotha d'un cœur léger. Mais il ne s'est pas dérobé. Il a porté jusqu'au bout la promesse d'amour faite par le Fils, au nom du Père, à une humanité en quête de libération. Quand vient le chant sublime des quatre solistes en alternance avec le chœur, quand j'entends les paroles servies par une musique venue d'ailleurs, « Bonne nuit mon Jésus », je sais que tout n'est pas fini sur le bois maculé de sang.

Mozart, le *Et incarnatus est* de la *Grande Messe en ut*. La mélodie confiée à la soprano s'envole telle une colombe dans le ciel immaculé. Le dialogue entre la voix et le hautbois porte à l'extase. Quel talent pour évoquer le mystère. Et les dernières mesures tracées par *l'aimé de Dieu*, dans le *Lacrimosa* de son *Requiem* ! La vie du génie s'arrête là. Je reste sans voix à chacune des auditions du chef-d'œuvre.

Bach, encore lui, la grande fugue du *Kyrie* de la *Messe en si,* si bellement longue qu'elle ouvre les portes de l'éternité. Et Francis Poulenc, les lumineuses *Litanies à la Vierge Noire de Rocamadour*.

L'esprit nous parle par le cœur, par notre être sensible tout autant que par les mots et le raisonnement. Si j'étais pape, je canoniserais volontiers saint Wolfgang Amadeus Mozart ou saint Jean-Sébastien Bach. Par la création musicale, par leur façon de mettre en lumière les grandes pages du texte sacré, ils accomplissent des miracles pour te révéler aux hommes, te faire aimer. Ma pensée va vers le prophète Élie qui se trouve dans la caverne et te cherche. Passe l'ouragan, passe le feu, tu n'es pas là. Survient une brise légère et le texte sacré dit : « Et Dieu était dans la brise légère. »

Tel est mon rapport avec toi dans la musique. Elle est la brise légère qui ouvre avec délicatesse un ailleurs insoupçonné, m'invite à entrer dans le monde mystérieux que la peinture suggère à ceux épris de son chant. Elle est la compagne fidèle qui me donne la main pour cheminer jusqu'à toi.

Dans la douceur de la voix maternelle, dans la splendeur des chorals de Bach, dans la communion fraternelle avec de belles personnes, proches ou plus lointaines, dans l'exemple manifesté par de belles figures de notre Histoire, je t'ai entrevu mon Dieu, le voile qui te cache s'est quelque peu soulevé. Mais mon désir me pousse à m'approcher davantage.

Au commencement était le Verbe ; et le Verbe était tourné vers Dieu ; et le Verbe était Dieu.

Le premier verset qui ouvre l'Évangile de Jean éclaire d'une soudaine lumière ma démarche de foi. Tu es un Dieu qui nous parle, me parle, et ta parole, je la découvre dans le livre que ceux qui croient en toi parcourent depuis des millénaires, la Bible. Elle a inspiré les artistes, touché les gens simples. Ma mère la portait en son cœur et, tout petit, elle était la douce enveloppe qui emmaillotait mes pensées. Mais moi, comment l'ai-je rencontrée ?

Quand j'étais petit enfant, ta Parole était en tout et en tous. Grands-parents, parents, frères et sœur, tout le monde, à un moment ou à un autre parlait de toi comme du Dieu qui crée, qui aime, qui pardonne. Les grandes fêtes liturgiques, Pâques, l'Ascension, Pentecôte, l'Assomption, Toussaint, rythmaient la vie de la famille. À la veille de chacune d'elles, on cirait les chaussures, les grands allaient à confesse et on préparait notre cœur à la fête. À Noël, c'est *le Petit Jésus* qui apportait les cadeaux et venait récompenser notre bonne vie. Il faudra du temps pour que le Père Noël se fraye une place dans notre maison. Séjours à Aiguebelle, pèlerinages à Lourdes, fêtes et religion se mêlent, ne font qu'un. On me parle de toi, de Jésus et de tout ce qu'il a accompli. Le soir, à la radio, sur Europe n° un, on écoute l'Histoire Sainte, une mise en son des grands épisodes bibliques. Le passage de la Mer Rouge, les Tables de la Loi données à Moïse sur le mont Sinaï, tout cela fait grand bruit, me captive, me surprend. Et la prière du soir, tous en famille, autour de la crèche de Noël ou simplement au pied de la croix qui orne la salle à manger, quand les frères sont en Algérie, exposés au danger. Ça serre dans nos poitrines.

Paraît le film *Les dix commandements*. Toute la famille va le voir, quel spectacle grandiose ! Au fond, tu es l'évidence que personne ne questionne.

Entré à Marseille, je te retrouve. Les prières quotidiennes, la messe le dimanche et le jeudi, le Salut du Saint-Sacrement, tu rythmes nos vies du matin au soir. On ouvre pour nous les grandes pages de la Bible, la création du monde, le péché originel, le Diable et ses ruses. Quelque chose se déchire en moi. Alors que le Dieu de ma mère était un Dieu d'amour, de fête, de bonté, un Dieu à qui l'on se confie, celui des frères de Saint-Gabriel surveille, punit, réprime. Celui-là ne m'enchante pas, mais colle à ce que je vis dans la maltraitance de l'horrible institut. Bon ou sévère, qu'importe, je crois que tu es, mais t'ai-je vraiment rencontré ?

Tu frappes à ma porte le 10 mai 1962. C'est un jeudi, le premier jour de la retraite qui prépare la Communion solennelle des enfants de l'Institut. Nous sommes six enfants aveugles à être appelés à renouveler les promesses faites par nos parents au jour de notre baptême. La cérémonie aura lieu dans trois jours, le dimanche 13 mai, dans la chapelle toute neuve. C'est mon frère Jacquot qui tiendra les orgues et le tonton Henri sera là pour concélébrer avec deux autres prêtres. Autour de moi, toute la famille sera rassemblée. À la rentrée des vacances de Pâques, on a apporté à la lingerie le costume que je mettrai dimanche, avec la belle croix en or, piquée sur une pochette finement brodée. Les signes de la fête n'ont pas été oubliés.

Le père Côte, prêtre aveugle venu de Lyon, anime les trois jours de retraite. Quelques-uns de mes camarades me disent que nous avons de la chance de passer trois jours avec lui. Tous parlent de sa bonté, de sa belle voix pour raconter des histoires et enseigner. Ils fréquentent chaque année la colonie des Grillons que le père a fondée au Pilon, dans les monts du Lyonnais. Le temps de vacances passé là-bas semble être un vrai moment de bonheur.

Lucien Côte, merveilleux conteur, choisit de guider notre réflexion autour d'une petite histoire écrite par lui à partir de la parabole dite *du fils prodigue*, texte qui se trouve au chapitre XV de l'Évangile de Luc, versets 11 à 32.

La parabole met en scène trois personnages principaux, le père, la figure de Dieu, et ses deux fils. Le plus jeune demande sa part d'héritage et, l'ayant reçue, il s'en va mener grand train dans des pays lointains, festoie, mène une vie de débauche avec des filles. Survient la famine. Le fils a épuisé tout son avoir et doit se louer chez des fermiers pour gagner quatre sous pour survivre. Alors, il entre en lui-même et se souvient de la maison de son père où tout se trouve en abondance. Il se met en chemin, prêt à demander pardon.

Le père, il n'a jamais désespéré, il l'attend depuis le jour de son départ, le voit arriver de loin, court se jeter à son cou et l'embrasse. Le jeune homme avoue ses errements et implore l'indulgence. Le père ordonne de préparer la fête, de tuer le veau gras.

Survient le frère aîné qui était aux champs. Il entend la musique, s'informe pour savoir ce qui se passe. On lui raconte les faits, *ton frère est revenu et ton père a organisé une grande fête.* L'aîné qui n'a cessé de trimer se met en colère. Le père sort, lui dit la joie qui est la sienne pour le retour de ce fils perdu enfin revenu. Les mots employés par Luc dans le texte évangélique sont forts, explicites : « Mais il fallait festoyer et se réjouir, parce que ton frère que voici était mort et il est vivant, il était perdu et il est retrouvé. »

Le père Côte brode une belle histoire autour de la scène. Il sculpte patiemment les divers personnages. Le père, qui aime passionnément ses fils. Il respecte leur liberté, n'impose rien et laisse à celui qui désire partir la possibilité de le faire, d'aller vivre ses expériences.

Aucune parole de retenue, aucun reproche. Confiant, il attend le retour. Lucien Côte nous propose de voir dans sa personne la figure de Dieu, un Dieu qui possède, qui donne largement à celui qui demande, respecte le désir de ses enfants. Et Dieu est patient, les bras toujours ouverts, il attend le possible retour et lorsque celui-ci s'annonce, il va, joyeux, au-devant de l'autre qui s'approche.

À ce moment, je suis comme perdu, je me sens mauvais, incapable de quoi que ce soit, face à la discipline absurde et à la maltraitance. L'aumônier parle de fautes, de condamnation. Mon jeune corps est perturbé par les premiers signes de la puberté. Le parfum des filles, quand je les croise au Mas, m'émoustille. À Marseille, foin de tout cela. Les plus grands parlent de se retrouver dans les toilettes la nuit pour se masturber ; quel marasme, qu'est-ce qui se passe ?

Et voilà qu'en ce 10 mai une lumière s'allume, un chant nouveau me surprend. Dieu n'est pas le Père Fouettard, mais quelqu'un qui nous aime, tels que nous sommes, qui m'aime tel que je suis ou me sens. Et ce Dieu, parce qu'il aime, sait pardonner, plus encore, sait courir au-devant de la brebis perdue et imposer silence à ceux qui critiquent tant de miséricorde. Chamboulement dans ma tête et mon cœur.

Un poids tombe de mes frêles épaules. Les frères et leur discipline peuvent bien continuer de me maltraiter, de me rabaisser, je t'ai rencontré, mon Dieu, au travers des paroles du père Côte et du récit de l'Évangéliste. Et quand, le samedi soir, le père nous invite à poser nos mains sur le livre de l'Évangile, comme nous le ferons le lendemain, je crois toucher un trésor que j'ai hâte de découvrir en toute sa beauté.

Je devrai supporter trois ans encore le fardeau de l'Institut, mais la petite lumière allumée par Lucien Côte brille en moi et me soutient. La figure du père de la parabole peut maintenant s'incarner dans celle de mon propre père. Il n'est pas très heureux de mes mauvais résultats à Marseille et des écarts de conduite que les frères se plaisent à souligner. Mais il ne m'a jamais rejeté, jamais privé de sa tendresse. Alors, c'est bien vrai, il y a des gens qui aiment !

En 1963, avec Riri et Jacquot, mes frères, avec Didile, je pars en pèlerinage à Lourdes. Je parviens à dire à ma sœur toute ma peine à Marseille. Elle m'écoute avec délicatesse, que peut-elle faire ? Consoler, c'est déjà beaucoup. J'écoute maintenant ce qui se dit à l'église et les mots qui me viennent de toi cheminent.

Le 10 mai 1962 ouvre, mon Dieu, le grand chemin que je parcours autour de ta parole. Il n'est pas achevé. Que puis-je dire de ce qui m'a touché et m'interpelle ?

Je ne suis pas plus exégète que théologien. J'aborde ta parole portée par les textes de l'Écriture dans ma singularité d'homme aveugle. J'essaie de déchiffrer ce qu'ils me disent dans mon quotidien, dans mon rapport avec l'existence, la finitude, mes proches, le monde. Je garde sur eux mon œil d'historien, prompt à resituer les faits décrits dans leur contexte.

Le texte biblique me touche en ce qu'il apparaît comme un formidable récit de vie qui n'en finit pas de m'enseigner. Les femmes et les hommes qui y circulent s'y montrent dans leur humanité, avec leur part d'ombre et de lumière. Pas de super-héros, même si certaines pages de l'Ancien Testament, prises au pied de la lettre, peuvent se prêter à des mises en scènes grandioses. Des personnages y affrontent les épreuves de leur temps, y vivent moments de grâce et turpitudes. Les figures les plus célèbres mises en lumière, Moïse, le roi David, Pierre, n'échappent pas à la règle. L'homme aimé de Dieu n'est pas un parfait, il est humain tout à la fois pécheur et homme de bien. Sous des formes bien différentes, j'y retrouve l'histoire racontée par le père Côte à partir de l'Évangile de Luc. Au fond, dans le texte, ce fleuve immense, qu'est-ce qui me saisit pour que je te nomme, Dieu ?

Je vois dans ta Parole une constante, un fil qui sous-tend tout le récit biblique. Des hommes cherchent, s'interrogent sur leurs origines, questionnent leur vie, les signes qui la parcourent, et ces hommes se mettent en chemin à l'écoute d'une vocation. Je relis le premier verset du chapitre XII de la Genèse : « Abraham, pars de ton pays, de ta famille et de la maison de ton père pour le pays que je te montrerai. » C'est le début d'un long chemin et l'annonce d'une promesse : « Je ferai de toi une grande nation et je te bénirai. » Les personnages de la Bible écoutent, entendent. Ils discernent la voix de Celui qui les appelle à se mettre en chemin. Partir, avancer sans se retourner, aller vers sa terre promise, comme je me retrouve !

Il y a plus. Le peuple qui chemine a des valeurs, une Loi en qui il reconnaît la Loi de Dieu et la Loi se fonde sur un commandement central, celui de l'amour de Dieu et du prochain. Dans l'Ancien Testament, que de guerres, de reniements, d'adultères, de propos violents : « Casse-leur les dents dans la gueule. » (Psaume 58) Le fil au travers de tous les soubresauts reste celui de l'amour, de la justice, du soutien à la veuve et à l'orphelin, de l'accueil de l'immigré. Il y a dans la marche du Peuple Juif, une quête d'absolu fondée dans l'attachement au Dieu qui le guide et le protège. Malgré toute la force et la richesse de ce texte, tout ce qu'il suscite profondément en moi, c'est dans la figure d'un homme, d'un personnage historique que s'ancre ma foi en toi.

« Personne n'a jamais vu Dieu ; Dieu Fils unique, qui est dans le sein du Père, nous l'a dévoilé. » Jean I, 18

Une belle figure d'homme ; une Parole qui me touche, m'anime ; un mystère qui déchire l'Histoire, voilà, mon

Dieu, autour de Jésus ton Fils, ce qui ouvre mes yeux ; et je te reconnais.

Notre Dieu, mon Dieu, est un Dieu incarné, *tout à fait homme et tout à fait Dieu*, dit la théologie catholique. Je m'arrête tout d'abord sur l'homme.

La personnalité, telle qu'elle nous est révélée par l'homme Jésus, n'a rien d'éblouissant. Une naissance parmi les humbles, dans une étable, des premiers adorateurs, les bergers, les exclus du moment. Dès les premiers jours de l'enfant, la menace du pouvoir, et voilà le jeune couple et leur fils sur les chemins de l'exil.

Le père, Joseph, de la lignée de David, un charpentier qui travaille rude de ses mains. La mère, Marie, une fille d'Israël, pétrie de la culture juive. Une femme qui porte, qui avance, sait dire oui et assumer. Une antienne chantée par les moines aux *petites heures*, parle d'elle avec beauté : « Ta foi nous a donné celui qu'ont annoncé les hommes de l'espoir ; joie des prophètes. Dieu façonne en ton corps son image éternelle et en fait l'un de nous. »

L'enfant, le jeune adulte, grandit dans le quotidien de la maison de Nazareth. Là, avec son père selon la chair, il scie, cloue, rabote, assemble. Avant de s'attacher à la grande charpente de l'humanité, Jésus assemble celle des maisons de Palestine. Au faîte de sa gloire terrestre, au jour de son entrée triomphale à Jérusalem, point de char royal ou d'escorte princière solidement armée. Il s'avance, monté sur un âne. Dans l'homme, rien des splendeurs de David ou de Salomon. Notre Dieu vient à nous sous les traits du travailleur et sa droiture me touche, m'attache à lui.

Et l'homme parle ; sa parole me frappe de plein fouet, me soulève tel l'irrésistible tourbillon qui emporte tout sur son passage.

Je fais foi aux quatre évangiles attribués à Marc, Matthieu, Luc et Jean, aux Actes des Apôtres, aux épîtres de Jean, Jacques, Pierre, Jude et Paul. Certains écrits nous viennent des compagnons de route du Christ, véritables témoins oculaires des paroles dites, des actes posés. D'autres procèdent de la grande tradition orale qui, partant de récits faits par des proches, se propage de communauté en communauté. Le débat autour de l'authenticité des documents anciens est quasi permanent. Les originaux restent pour beaucoup introuvables et s'y ajoute la délicate question des traductions. Les pages sur lesquelles je m'appuie, portées par la tradition, sont à peu près établies depuis près de vingt siècles et d'elles se dégage une cohérence, un esprit qui transcende les difficultés évoquées. Je vais aux écrits tels qu'ils s'offrent à mes doigts.

Même si la parabole du Fils Prodigue m'a ouvert le chemin qui mène à la Parole de Dieu, j'ai du mal à isoler dans le récit évangélique tel ou tel passage qui me touche plus que d'autres. Il y a dans les trois évangiles synoptiques, ceux de Marc, Matthieu et Luc et dans celui de Jean une même force, un même élan, une même fulgurance, qui établit une communauté de sens entre toutes les lignes. Ici, je me laisse pénétrer par la fine écriture énigmatique de Jean qui suggère parfois plus qu'il ne dit, là, je me sens bousculé par la parole de feu attribuée au Christ. Au fond, je n'ai rien à retrancher au texte évangélique dont la force et la richesse emportent mon adhésion. Puisque j'ai choisi de dire ici mes raisons de croire, je décide de m'appuyer sur quatre textes qui apportent un éclairage particulier à ma démarche de foi avant d'évoquer ceux qui ont trait à la Passion et à la résurrection. Je reviens vers l'Évangile de Luc. Nous sommes au tout début de la prédication du Christ. Celui-ci, un jour de sabbat, entre dans la synagogue de Nazareth. On lui tend le Livre pour faire la lecture, il l'ouvre et lit le passage d'Ésaïe :

« L'Esprit du Seigneur est sur moi puisqu'il m'a conféré l'onction pour annoncer la bonne nouvelle aux pauvres. Il m'a envoyé proclamer aux captifs la libération, aux aveugles le retour à la vue, renvoyer les opprimés en liberté, proclamer une année d'accueil par le Seigneur. » Jésus pose le livre, s'assied et déclare : « Aujourd'hui, cette écriture est accomplie pour vous qui l'entendez. »

À mes yeux, ces lignes contiennent en elles tout le message évangélique, la délivrance de nos chaînes, de nos captivités, la fin des aveuglements, la libération des opprimés et l'accueil de tous dans la miséricorde de Dieu. Nulle trace de rejet, de condamnation, seulement une grande ouverture portée par un souffle nouveau, celui de la liberté et de la grande lumière. Nous sommes tout à la fois dans le concret et dans le symbolique, un symbolique fort que la vie du Christ illustre dans sa rencontre avec les foules qu'il croise sur les chemins. À chaque appel il apporte réponse, délie les langues, ouvre les yeux et les oreilles, remet en marche les paralytiques et pardonne. Une parole humble qui rend sa part dans le relèvement à celui qui appelle : « Va, ta foi t'a sauvé. » Pas de morale, mais de la proximité avec ceux qui l'entourent. Plusieurs siècles avant le Christ, Ésaïe prophétisait un monde de paix, d'abondance, de lumière. Jésus, pénétré par les textes du prophète dont il lit les phrases dans la synagogue, fait sienne la parole d'espérance qu'il vient porter aux hommes.

Matthieu maintenant, au chapitre XXV, le texte de la parabole dite des talents. Je résume.

Un homme riche part en voyage. Avant son départ il appelle ses serviteurs et confie à chacun une part de ses biens, chacun selon ses capacités, dit le texte évangélique. Celui qui reçoit cinq talents se dépêche de les faire fructifier et en récolte cinq autres. De même pour celui qui en reçoit deux. Le troisième, peureux, enfouit le seul talent reçu dans la terre.

Revient le maître, il appelle les serviteurs. Le premier s'avance et lui remet dix talents, les cinq confiés plus les cinq gagnés. Le maître lui dit : « C'est bien, bon et fidèle serviteur, tu as été fidèle en peu de choses, sur beaucoup je t'établirai ; viens te réjouir avec ton maître. » Pour le deuxième, même scène, même parole.

Le troisième s'avance et déclare : « Maître, je savais que tu es un homme dur : tu moissonnes où tu n'as pas semé, tu ramasses où tu n'as pas répandu ; par peur, je suis allé cacher ton talent dans la terre : le voici, tu as ton bien. »

Le maître répond : « Mauvais serviteur, timoré ! Tu savais que je moissonne où je n'ai pas semé et que je ramasse où je n'ai pas répandu. Il te fallait donc placer mon argent chez les banquiers : à mon retour, j'aurais recouvré mon bien avec un intérêt. » Puis il ajoute : « Retirez-lui donc son talent et donnez-le à celui qui en a dix, car à tout homme qui a, l'on donnera et il sera dans la surabondance ; mais à celui qui n'a pas, même ce qu'il a lui sera enlevé. Quant à ce serviteur bon à rien, jetez-le dans les ténèbres du dehors, là seront les pleurs et les grincements de dents. »

Ce passage de l'Évangile a fait couler beaucoup d'encre et s'il me questionne, je l'ai souvent pris comme texte de référence pour conduire mon combat au côté de mes frères aveugles. On est surpris, choqué, par le final et la dureté du maître. Le Jésus « doux et humble de cœur », donne à voir un homme peu miséricordieux et livre une sentence difficile à entendre pour l'homme épris de justice que je suis. On donnera plus à celui qui a et on retirera à celui qui n'a pas ! Ça bouscule.

Je replace l'écrit de Matthieu dans le contexte de son Évangile. Il prend place parmi les paraboles qui évoquent le Royaume de Dieu, la façon de le construire. Il précède tout juste celui consacré au jugement dernier. Le propos rude est assez coutumier chez Matthieu, surtout lorsqu'il s'adresse aux pharisiens et leur révèle la duplicité de leur attitude, de belles paroles et des actes qui les contredisent. Ici, Jésus rappelle la bonté du maître, la bonté de Dieu qui donne, donne à tous même si certains ont moins reçu que d'autres. Au reste, celui à qui un seul talent a été confié n'a-t-il pas reçu ? Ce qui compte aux yeux du Christ, c'est que chacun, selon ses propres capacités, valorise le talent reçu, fasse fructifier les dons placés en lui. Porter du fruit. La parabole du figuier et les passages consacrés à la vigne reprennent ce thème majeur de la Bible et des évangiles. Libérer sans peur nos forces créatrices, avancer, voilà le désir de Dieu pour une humanité pleine de savoir-faire, d'aptitudes à inventer chaque jour du nouveau. Ne pas donner vie à notre capacité à créer, à construire, là est la faute, le péché.

Ce passage résonne en moi. Je suis porté d'avoir tant reçu de ma famille originelle et de celle que j'ai construite, de mes amis, de mes maîtres. Un trésor de tendresse, de solidité intérieure, de riches connaissances m'habite, grâce à ceux-là qui sont venus chez moi pour semer. Comment ne pas se sentir animé par le désir de partager, de donner à voir et à déguster avec d'autres qui ont eu moins d'opportunités… Je me sens frère de ce serviteur bon et fidèle, prêt à distribuer de ma récolte à ceux qui m'entourent.

J'ouvre la page qui suit.

L'Évangéliste place dans la bouche de Jésus les paroles prononcées par Dieu lors du jugement final. Le Fils de l'homme, Dieu, rassemble les nations. Il sépare les hommes en deux groupes, comme le berger sépare les brebis des chèvres, dit le texte. Aux premiers, les élus, il déclare :

« J'ai eu faim et vous m'avez donné à manger, j'ai eu soif et vous m'avez donné à boire, j'étais un étranger et vous m'avez recueilli, j'étais nu et vous m'avez vêtu, j'étais malade et vous m'avez visité, j'étais en prison et vous êtes venus à moi. » Et ceux-là sont récompensés. Mais ils lui demandent : « Quand t'avons-nous vu avoir faim, soif, étranger, malade, nu, en prison ? » et Dieu répond : « Ce que vous avez fait au plus petit qui est parmi vous, c'est à moi-même que vous l'avez fait. »

Le même déroulé du texte, en négatif, pour ceux qui n'ont pas donné à manger, à boire… Et la même réponse, ce que vous avez refusé au plus petit qui se trouve parmi vous, c'est à moi que vous l'avez refusé.

J'ai souvent lu et relu ce passage, je l'ai souvent cité. Je ne sais pas si ceux qui n'ont pas donné à manger ou à boire seront condamnés, ce que je sais, c'est qu'ils ne répondent pas à l'appel, à l'attente du Christ. Celui-ci n'exige pas des choses compliquées, inaccessibles. Il attend que nous nous montrions en fraternité avec les autres, que nous sachions répondre à leurs attentes, à leurs besoins élémentaires, ne pas les laisser dans la faim, la soif, les accueillir quand ils frappent à la porte et à plus forte raison s'ils viennent de loin, épuisés par la fatigue du voyage et les rigueurs des périls affrontés. Dieu attend que nous soyons à nos frères, en tout ce qui les touche, et que nous n'hésitions pas à entrer à l'hôpital, à pousser la porte de la prison pour réconforter.

La grande fresque du jugement dernier peinte par Matthieu dit le sens profond de l'Évangile. Qui que nous soyons, pauvres ou riches, immigrés ou prisonniers, en bonne santé ou malades, nous sommes frères en humanité et chacun a la même valeur aux yeux de Dieu, chacun doit avoir la même valeur pour nous, enfant et frère de Dieu fait homme. Je suis au cœur du sujet évangélique. Dieu s'adresse à moi dans mon *individuité,* à moi seul, mais il me replace en fraternité avec mes semblables. Il attend que je ne ferme pas les yeux sur celui qui appelle et à qui je peux porter rescousse. L'abbé Pierre, durant l'hiver cinquante-quatre avait donné vie et sens au message. Ceux qui nous gouvernent et qui invoquent les origines chrétiennes de la France l'ont-ils retenu ? Spécificité du message évangélique qui reconnaît l'unique de chaque être, sans le désolidariser de la communion fraternelle.

Notre Église, si elle était évangélique, serait figure vivante de l'attente du Christ.

Je vais maintenant dans l'Évangile de Jean, vers l'épisode dit de *la femme adultère.*

Une scène presque ordinaire. Sur une place de Palestine, tout autour, la foule. Elle hurle, vocifère, accuse. Elle pousse devant elle une femme surprise en flagrant délit d'adultère. Au centre, l'Homme, Jésus. On conduit vers lui l'accusée. Pourquoi ? Pour mettre à l'épreuve celui qui, depuis des années, dénonce la duplicité des pharisiens qui adorent en parole et se détournent de la Loi par leurs actes. Cette fois, pensent-ils, il devra se dévoiler, prononcer le jugement attendu, la lapidation de la femme, ou alors eux, enfin, auront motif pour le condamner.

La foule ne tergiverse pas : « Maître, cette femme a été prise en flagrant délit d'adultère. Dans la Loi, Moïse nous a prescrit de lapider ces femmes-là. Et toi, qu'en dis-tu ? »

La question est claire. On attend que la réponse du Christ soit du même tonneau.

Jésus est là, calme, silencieux. Il se baisse et se met à tracer du doigt des signes sur le sol. Que sont ces signes ? L'Écriture ne le dit pas. La foule s'impatiente, presse le Maître de questions. Celui-ci se relève et lâche : « Que celui d'entre vous qui n'a jamais péché lui jette la première pierre. » Puis, il se baisse à nouveau et continue à dessiner. Et là, telle une baudruche qui se dégonfle lentement, on voit la foule se dissiper, ils partent tous, les uns après les autres, *en commençant par les plus âgés*.

La femme est restée seule. Que pense-t-elle ? Attend-elle la condamnation ? Peut-être. Jésus se relève et dit : « Femme, où sont-ils donc ? Personne ne t'a condamnée ? » « Personne, Seigneur », répond-elle. Jésus reprend : « Moi non plus je ne te condamne pas, va, et désormais ne pèche plus. »

Quelle actualité ! Les foules hurlantes qui demandent vengeance en appellent au châtiment extrême. En Jésus, pas de condamnation, d'exclusion. Le Dieu que nous dévoile le Fils est tout autre. Il vient, les bras ouverts, prêt à accueillir tous les hommes, afin qu'aucun ne soit perdu, que tous soient sauvés, que chacun ait sa place dans le Royaume. Cela ne veut pas dire que tout est permis, que l'on peut commettre impunément le crime, voler, rejeter l'étranger, défaire sans conséquence la parole donnée. L'attitude du Christ, c'est l'affirmation de la certitude que demeure en chacun une petite flamme prête à se rallumer, pourvu qu'un souffle d'amour et d'espérance vienne la caresser. Et quand le Christ demande de ne pas juger si nous ne voulons pas être jugés, il n'attend pas que nous passions tout sous silence, par pertes et profits. Prendre le temps, permettre à l'autre de tracer son chemin intérieur, de se reconstruire par lui-même, de capter la brise légère qui rallume la flamme, là est l'attente de Dieu. L'Évangile va loin, voit loin. Notre mission, accompagner l'autre dans son cheminement.

L'Évangile m'attrape en sa totalité, en ma totalité. Je peux m'attarder sur de nombreux passages qui me parlent, me bousculent, l'allégorie autour de la vigne, du vigneron et des sarments. Il parle à l'enfant de la terre. Je sais bien que la vigne a besoin de la taille du vigneron pour porter du fruit ; comme cela me touche ! Qu'il me taille encore de longues années, le vigneron avisé.

Le Christ a marché, a rencontré les foules, écouté, guéri, enseigné. Il a pardonné à tour de bras, a soigné à en perdre haleine. Il n'a jamais cessé de parler d'amour, de miséricorde, d'en poser les actes. Il a rejeté la violence, hormis ce jour de sainte colère où, voyant les marchands entassés dans le temple, il fabrique un fouet avec des cordes et les chasse, eux et leurs bêtes. On ne peut servir deux maîtres, Dieu, et Dieu fait homme, et l'argent. La maison du Père ne peut pas être caverne de voleurs. Une parole rebelle s'est levée qui contredit les imposteurs. Elle a placé le sens profond de l'enseignement et de l'agir qui en découle, avant les manifestations extérieures de foi.

Je revis les derniers instants du Christ avec les Douze avant d'entrer dans sa Passion. Prendre un linge et laver les pieds de ses disciples. Rompre et partager le pain, bénir et boire ensemble à la coupe. Geste d'enseignement du Maitre qui se met au service des autres. Acte symbolique laissé en mémorial pour manifester le don de soi et la présence éternelle à ceux qui se rassemblent en son nom et à l'humanité tout entière.

La contestation est trop forte, trop vigoureuse, trop radicale, inacceptable. Il faut la faire taire. Et comment y parvenir : en mettant à mort celui qui dérange et menace l'ordre établi.

La force parle. Elle utilise la ruse, l'infidélité et l'argent afin que l'Homme soit livré. Puis, elle accuse. Et la foule qui, quelques jours auparavant, acclamait Jésus est balayée par le réquisitoire implacable affiché par la force brutale. Les maîtres savent faire, lorsqu'il s'agit de retourner l'opinion contre le juste. Tous se dispersent. Pierre renie par trois fois celui qui lui a donné les clés de l'Église future. Tout s'effondre. Les scrupules de Pilate ne font pas le poids face aux assoiffés de sang innocent.

Au pied de la Croix, ils ne sont que quelques-uns à avoir le courage de manifester leur présence aimante. Quelques femmes, Marie la mère, Madeleine, Salomé. Quelques hommes, Jean, le disciple aimé, Nicodème. Et les soldats !

J'écoute ce que dit le centurion qui les commande. Les mots qu'il prononce demeurent dans leur force. Jésus vient d'expirer. Avant de rendre l'âme, il a pardonné aux brigands crucifiés près de lui, l'un à sa droite, l'autre à sa gauche. Il pardonne aussi à ses bourreaux : « Père, pardonne-leur car ils ne savent pas ce qu'ils font. » Puis, il rend l'esprit. Alors, le soldat de César lâche : « Vraiment, cet homme était fils de Dieu. »

L'officier a vu la mort du juste, a entendu le déferlement de haine de la foule et face à lui, la paix de l'Homme, la bonté inaltérable, la miséricorde qui va jusqu'au bout. Au pied de la Croix, le centurion rend les armes, à l'instar de son semblable de Capharnaüm, il s'incline devant Dieu dévoilé en la personne du Fils. La profession de foi du soldat peut-elle changer le cours de l'Histoire ?

Dans le printemps de Palestine, alors qu'il fait encore nuit, Madeleine, le cœur gros, part vers le tombeau pour embaumer le corps de celui qu'elle aime. Elle ne sait pas comment rouler l'énorme pierre pour pouvoir accomplir les rites funéraires à la manière juive. Elle est toute en retournement. Et voilà que la pierre est déplacée, le tombeau est ouvert. À son récit, Pierre et Jean accourent, ils découvrent le tombeau vide, les bandelettes roulées et le linge posé à part. Alors, Jean voit et croit.

Madeleine est restée là, baignée de larmes. Elle n'a pas encore saisi ce qui se joue dans le sépulcre déserté. Et voilà qu'elle entend son nom : « Marie. » Elle se retourne, ce n'est pas le jardinier qui l'appelle, c'est Lui, lui qu'il ne faut plus chercher parmi les morts puisqu'il est vivant, *comme il l'a promis*.

Et voilà que ceux qui avaient peur se redressent, que ceux qui se taisaient prennent parole, sortent sur les places. Oui, ils l'ont vu, ils ont bu et mangé avec lui, mis leurs doigts à la place des clous, leur main dans le côté ouvert. *Ils ne sont plus incrédules, mais croyants.*

Je lis et relis les textes. L'événement est tellement inouï qu'il faut se frotter les yeux pour y croire. Pourtant ! Pourtant, alors que tout semblait perdu au soir du vendredi, une résurrection se lève dans le matin de Pâques, résurrection qui n'en finit pas de marquer l'histoire du monde de son empreinte indélébile et de lancer des foules immenses sur routes et chemins. Le miracle de Pâques est là, dans le chamboulement qui prend le monde à revers. Les vieux schémas de la pensée sont bousculés,

plus d'esclaves et d'hommes libres, mais des frères dans le Christ, écrira Saint Paul. La violence est renvoyée à son inutilité, le commandement de l'amour est proclamé, proposé comme Loi nouvelle.

Les carillons de cloches célèbrent le matin de Pâques. Seul, je décide de prendre le chemin qui mène à la chapelle de Saint-Pierre. Toute la campagne en son printemps a des allures de résurrection. Je gravis lentement, avec respect, la rude pente pierreuse. Ma pensée va vers les moines qui, durant des siècles, ont accompli l'ascension, porteurs de lourds fardeaux. Comment ne pas penser à l'Homme qui monte au Golgotha, chargé de sa Croix. J'atteins le sommet. La chapelle est là, debout depuis 9 siècles, dans l'attente de celui qui cherche, qui la cherche. J'arrive au bout de mon chemin, de mon chemin d'écriture. Seul, assis au milieu des iris nains qui embaument, au pied du poème de pierres édifié à la gloire des oiseaux, des anges et de Dieu, je reprends mon souffle, mes esprits.

J'en reviens à l'interrogation première : est-ce que je crois en toi ? Mon Dieu.

« Dieu, personne ne l'a jamais vu. » Si même Jean le dit, lui qui a posé sa tête sur la poitrine du Fils de l'Homme au soir du dernier repas, qu'ajouter... Qui est celui que des milliards d'hommes invoquent, au nom de qui tant de merveilles ont été créées, tant de beautés construites, mais tant de luttes fratricides, abominables, conduites ? *Dieu créateur du ciel et de la terre, de l'univers visible et invisible*, comme je le proclame dans le credo chrétien chaque fois que je partage l'Eucharistie avec mes frères ? Qui sait ? Il y a tant d'inconnu, d'insondable, dans la création, dans l'univers qui nous abrite. Est-il à rencontrer dans *la Grande Force* évoquée avec poésie par Giono dans *Colline*, ou est-il l'*universel horloger* qui règle la *grande horloge* chère à Voltaire ? Faut-il le voir dans le doigt créateur peint superbement par Michel-Ange au plafond de la Sixtine ? L'écrivain, le philosophe, le peintre-sculpteur s'interrogent, cherchent, comme tant d'autres. Le mystère de la création demeure quasi intact. Darwin, dans sa théorie de l'évolution, a proposé des clés qui mènent à des pistes prometteuses : ouvrent-elles toutes les portes ?

Certainement pas. Comment expliquer que sur un petit caillou, perdu au beau milieu du tourbillon du cosmos, quelques atomes prodigieusement agencés et animés engendrent la grande chaîne de la vie et notre communauté humaine ? Comment comprendre que, malgré les appareils aux performances exceptionnelles dont nous disposons, nous n'ayons à ce jour découvert aucune autre trace de vie que sur notre planète bleue ? Tout ça reste époustouflant et je m'incline devant l'insondable, l'inexpliqué, l'éblouissant. Qui a bien pu appuyer sur le bouton pour déclencher le big bang ? Quel est ce génial programmateur qui a ordonnancé l'extraordinaire agencement des planètes et des galaxies, qui a si subtilement organisé la formidable machine humaine ?

« Dieu Fils Unique, qui est dans le sein du Père, nous l'a dévoilé. » Le mystère de la création reste entier et avec lui demeure l'inconnaissable de la figure du Dieu Père. Le peuple Israël a cru la repérer au travers des signes qui ont jalonné son histoire. Pourquoi pas. Elle échappe à mon propre regard comme à celui de l'Évangéliste bien aimé. En revanche, celle du Fils m'est plus familière. Je la fréquente depuis tout petit et, au fil du chemin, elle s'est révélée à moi dans toute sa lumière. Le Fils me parle, tous les jours, chaque fois que je fais silence pour l'écouter. Il me parle de partage, de service, de fraternité, de paix, d'amour. Quand les forces viennent à me manquer, il est le bâton qui me guide et sur lequel je m'appuie avec sûreté. Quand la mort frappe autour de moi le père, la mère, les frères, tous les frères trop tôt partis, il me vient en consolation avec sa parole que je sais aimante et vraie. Je sais qu'il espère en moi, attend que je porte du fruit et que la graine semée en mon cœur s'épanouisse. Quand je me vois un peu trop beau, il me rappelle dans le geste simple et fort du *lavement des pieds*, que celui qui se veut porteur de grandes choses doit d'abord se mettre au service de ses frères. Ce geste habite régulièrement ma vie de militant responsable.

Le fils, dans ses gestes, son enseignement, sa parole, représente à mes yeux une telle force de vie, de création, de libération, de résurrection, que je fais mien le chant d'Action de grâce du vieillard Siméon qui contemple l'enfant dans les bras de sa mère :

« Maintenant, maître souverain, tu peux laisser ton serviteur s'en aller en paix selon ta parole ; car mes yeux ont vu ton salut que tu préparais à la face des peuples. Lumière pour éclairer les nations et gloire de ton peuple, Israël. » Tout est dit.

Et moi, assis dans le silence de la vieille chapelle, j'ose m'adresser à celui que je n'ai jamais vu :

Mon Dieu, je ne sais pas qui tu es vraiment, tant d'inconnaissable enveloppe ta personne. Pas plus que les sages et les savants, je n'ai percé le mystère de la création, et pas davantage ceux du bien et du mal, de la guerre ou de la maladie qui emportent tant de justes. Qu'adviendrat-il de Vincent lorsqu'il aura quitté ce monde ? Qui peut le dire ? Sans doute quelques graines semées au long du chemin produiront, quelque temps encore, un peu de fruits. Pas si mal ! Et moi, j'attends confiant le jour de la rencontre, puisse-t-elle enfin ouvrir mes yeux. Ce que je sais déjà, c'est que tu m'as donné ton Fils, sa parole et ses gestes d'amour, la force et le feu de son esprit, ton esprit. Je le reconnais à l'œuvre depuis les origines du monde en la personne des *hommes de l'espoir*, prophètes de paix, de justice et d'amour, hommes célèbres ou anonymes qui marchent à la suite du Fils, guidés par le souffle de l'Esprit. Et ce chemin-là, je le crois, mène à la Lumière.

Mais parce que tu m'aimes, que tu me respectes, tu me laisses libre du choix, libre d'ouvrir les bras ou de les fermer, de partager ou d'accaparer, de juger ou de faire œuvre de miséricorde, de respecter ta création ou de la détruire.

Alors, guidé par la Parole, je veux bien continuer à construire ma part de Royaume, à faire partager à ceux qui m'entourent, plus que je n'ai su le faire jusqu'alors, tout ce que tu m'as donné. Un tel trésor n'est pas destiné à être caché, *à être mis sous le boisseau*, gardé jalousement par-devers soi. C'est la part de travail qui m'incombe. Fasse que ton Esprit me donne un coup de main, ce n'est pas facile, tu sais. Mais aujourd'hui, avant de mettre un point final à mes pages, j'ose te dire :

Je crois en toi, mon Dieu.

Remerciements

Mes premiers remerciements vont à Adeline Yzac, qui m'a accompagné avec vigilance et sensibilité tout au long de ce travail d'écriture.

Un grand merci aussi à Sylvie Souchon, pour sa relecture minutieuse du manuscrit.

Remerciements encore à Monique Roux et Régine Michel pour leur relecture attentive des dernières épreuves.

Enfin, une mention toute particulière à Pierre Vion, qui a réalisé avec patience et passion la création de la couverture.

Table des matières

Imprimé en France

Composition : Nord Compo
N° d'imprimeur : 206530
Achevé d'imprimer : janvier 2020
Dépôt légal : février 2020